MY TAKING CARE OF BUSINESS

WEEKLY PLANNING JOURNAL

Activinotes

Activinotes

DAILY JOURNALS, PLANNERS, NOTEBOOKS AND OTHER BLANK BOOKS

Name: ....

Address: ....

E-mail : ....

Contact no's : ....

....

MONDAY

9:00 AM	4:00 PM
10:00 AM	5:00 PM
11:00 AM	6:00 PM
12:00 PM	MUST DOs
1:00 PM	▫
2:00 PM	▫
3:00 PM	▫

TUESDAY

9:00 AM	4:00 PM
10:00 AM	5:00 PM
11:00 AM	6:00 PM
12:00 PM	MUST DOs
1:00 PM	▫
2:00 PM	▫
3:00 PM	▫

WEDNESDAY

9:00 AM	4:00 PM
10:00 AM	5:00 PM
11:00 AM	6:00 PM
12:00 PM	MUST DOs
1:00 PM	▫
2:00 PM	▫
3:00 PM	▫

THURSDAY

9:00 AM	4:00 PM
10:00 AM	5:00 PM
11:00 AM	6:00 PM
12:00 PM	MUST DOs
1:00 PM	▫
2:00 PM	▫
3:00 PM	▫

FRIDAY

9:00 AM		4:00 PM
10:00 AM		5:00 PM
11:00 AM		6:00 PM
12:00 PM		MUST DOs
1:00 PM		☐
2:00 PM		☐
3:00 PM		☐

SATURDAY

9:00 AM		4:00 PM
10:00 AM		5:00 PM
11:00 AM		6:00 PM
12:00 PM		MUST DOs
1:00 PM		☐
2:00 PM		☐
3:00 PM		☐

SUNDAY

9:00 AM		4:00 PM
10:00 AM		5:00 PM
11:00 AM		6:00 PM
12:00 PM		MUST DOs
1:00 PM		☐
2:00 PM		☐
3:00 PM		☐

NOTES

THOUGHTS

_____

_____

_____

_____

_____

_____

_____

_____

_____

_____

_____

_____

_____

_____

_____

_____

_____

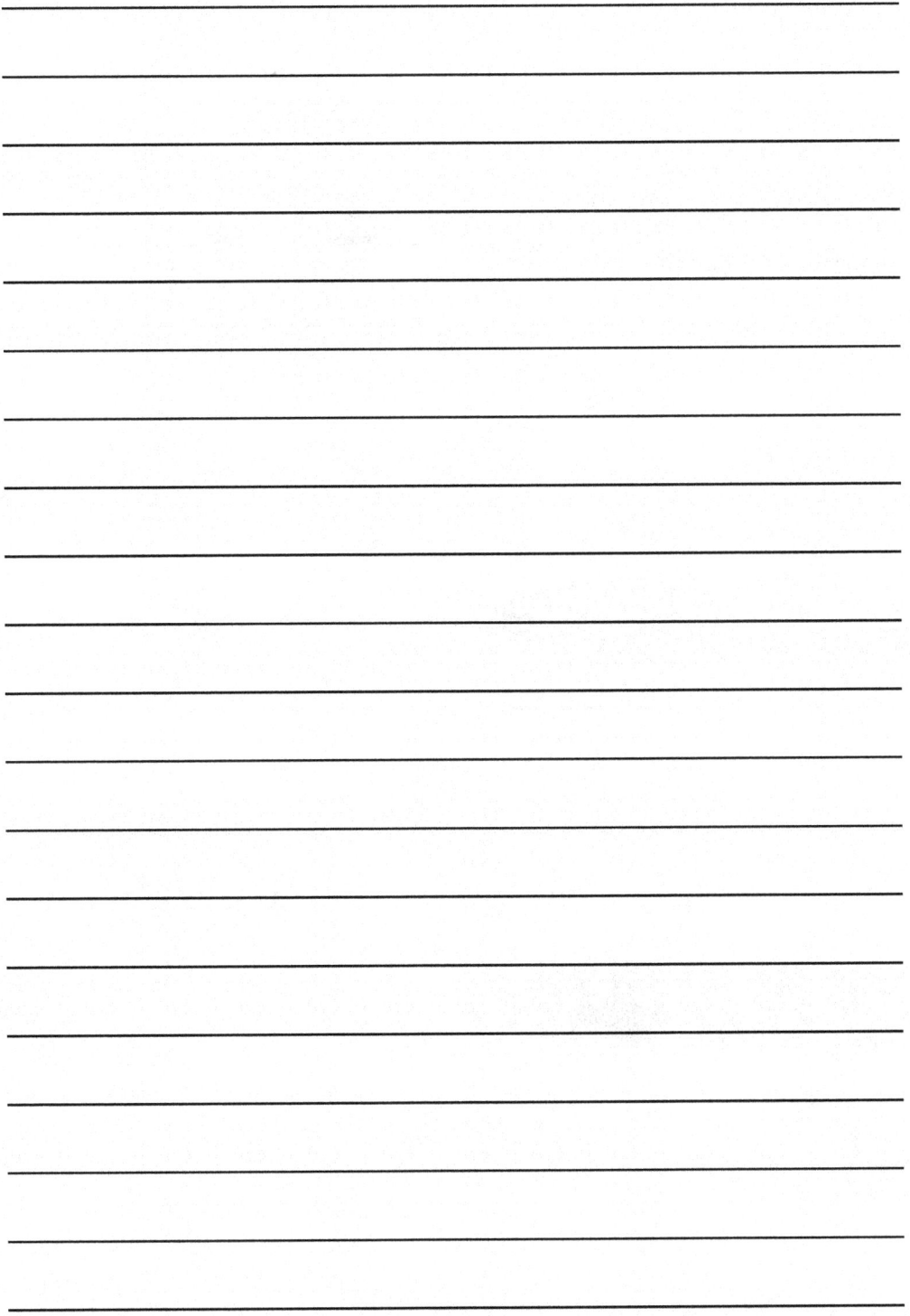

MONDAY

9:00 AM	4:00 PM
10:00 AM	5:00 PM
11:00 AM	6:00 PM
12:00 PM	MUST DOs
1:00 PM	☐
2:00 PM	☐
3:00 PM	☐

TUESDAY

9:00 AM	4:00 PM
10:00 AM	5:00 PM
11:00 AM	6:00 PM
12:00 PM	MUST DOs
1:00 PM	☐
2:00 PM	☐
3:00 PM	☐

WEDNESDAY

9:00 AM	4:00 PM
10:00 AM	5:00 PM
11:00 AM	6:00 PM
12:00 PM	MUST DOs
1:00 PM	☐
2:00 PM	☐
3:00 PM	☐

THURSDAY

9:00 AM	4:00 PM
10:00 AM	5:00 PM
11:00 AM	6:00 PM
12:00 PM	MUST DOs
1:00 PM	☐
2:00 PM	☐
3:00 PM	☐

FRIDAY

9:00 AM	4:00 PM
10:00 AM	5:00 PM
11:00 AM	6:00 PM
12:00 PM	MUST DOs
1:00 PM	◻
2:00 PM	◻
3:00 PM	◻

SATURDAY

9:00 AM	4:00 PM
10:00 AM	5:00 PM
11:00 AM	6:00 PM
12:00 PM	MUST DOs
1:00 PM	◻
2:00 PM	◻
3:00 PM	◻

SUNDAY

9:00 AM	4:00 PM
10:00 AM	5:00 PM
11:00 AM	6:00 PM
12:00 PM	MUST DOs
1:00 PM	◻
2:00 PM	◻
3:00 PM	◻

NOTES

THOUGHTS

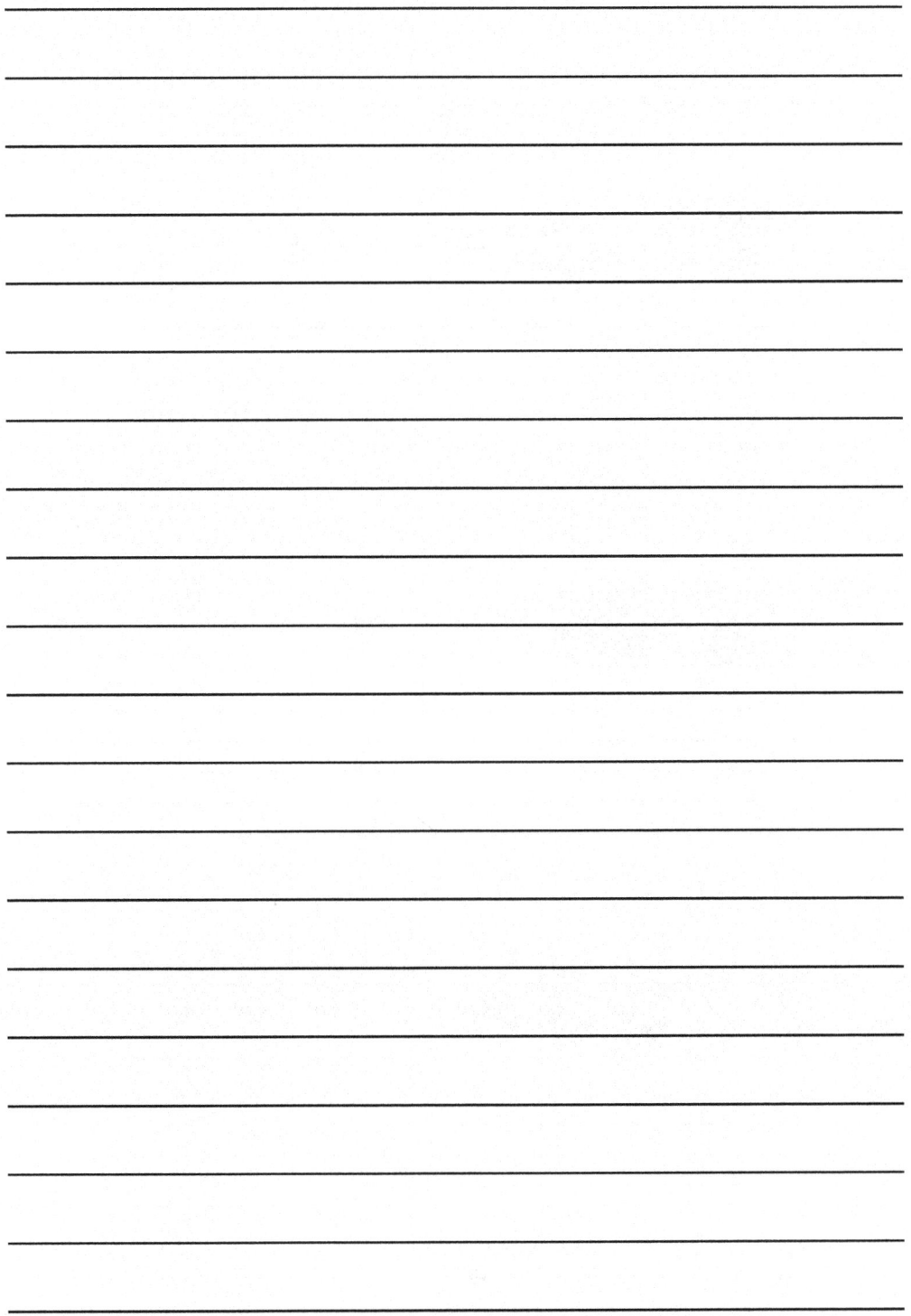

MONDAY

9:00 AM	4:00 PM
10:00 AM	5:00 PM
11:00 AM	6:00 PM
12:00 PM	MUST DOs
1:00 PM	☐
2:00 PM	☐
3:00 PM	☐

TUESDAY

9:00 AM	4:00 PM
10:00 AM	5:00 PM
11:00 AM	6:00 PM
12:00 PM	MUST DOs
1:00 PM	☐
2:00 PM	☐
3:00 PM	☐

WEDNESDAY

9:00 AM	4:00 PM
10:00 AM	5:00 PM
11:00 AM	6:00 PM
12:00 PM	MUST DOs
1:00 PM	☐
2:00 PM	☐
3:00 PM	☐

THURSDAY

9:00 AM	4:00 PM
10:00 AM	5:00 PM
11:00 AM	6:00 PM
12:00 PM	MUST DOs
1:00 PM	☐
2:00 PM	☐
3:00 PM	☐

FRIDAY

9:00 AM	4:00 PM
10:00 AM	5:00 PM
11:00 AM	6:00 PM
12:00 PM	MUST DOs
1:00 PM	☐
2:00 PM	☐
3:00 PM	☐

SATURDAY

9:00 AM	4:00 PM
10:00 AM	5:00 PM
11:00 AM	6:00 PM
12:00 PM	MUST DOs
1:00 PM	☐
2:00 PM	☐
3:00 PM	☐

SUNDAY

9:00 AM	4:00 PM
10:00 AM	5:00 PM
11:00 AM	6:00 PM
12:00 PM	MUST DOs
1:00 PM	☐
2:00 PM	☐
3:00 PM	☐

NOTES

THOUGHTS

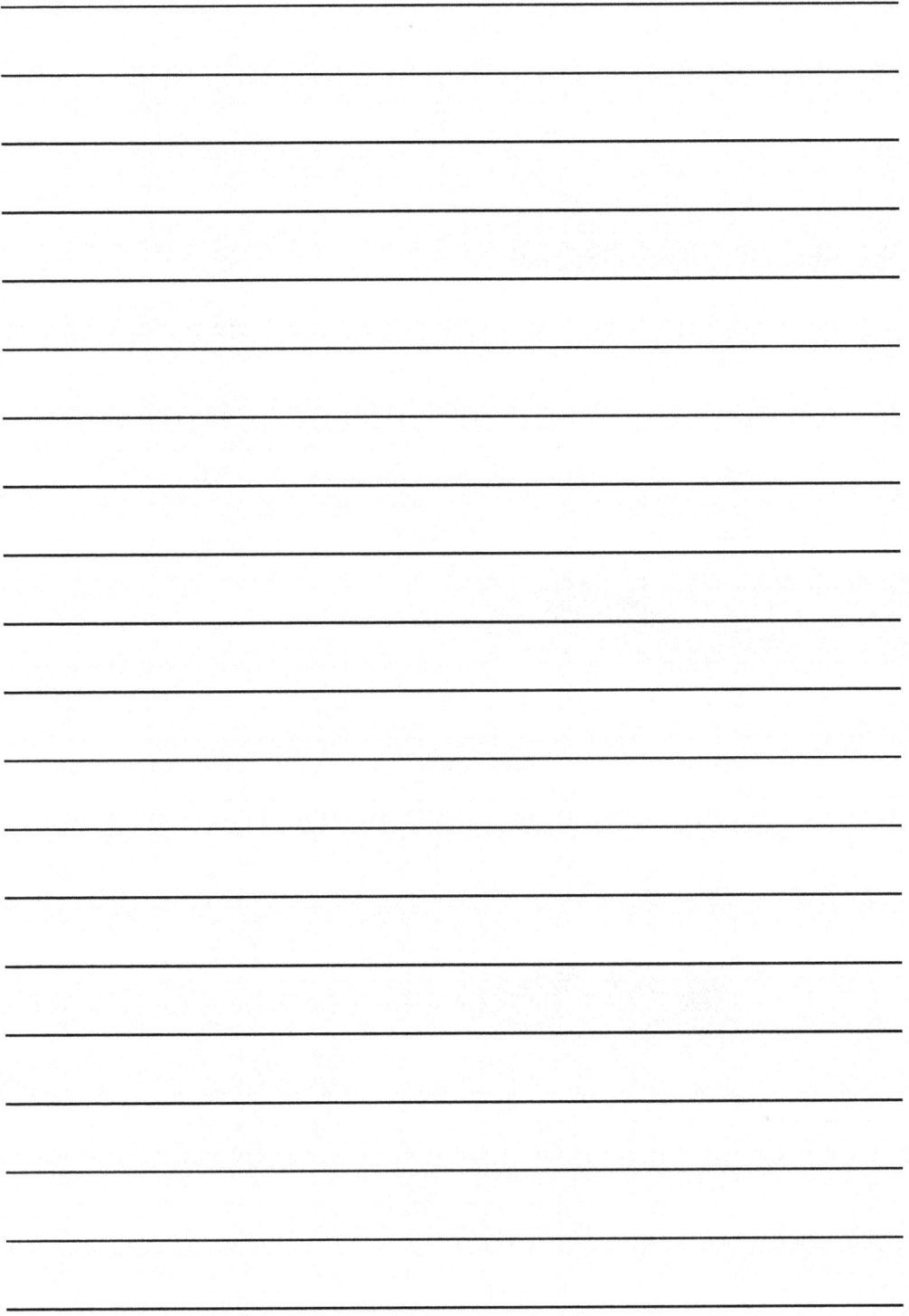

MONDAY

9:00 AM	4:00 PM
10:00 AM	5:00 PM
11:00 AM	6:00 PM
12:00 PM	MUST DOs
1:00 PM	☐
2:00 PM	☐
3:00 PM	☐

TUESDAY

9:00 AM	4:00 PM
10:00 AM	5:00 PM
11:00 AM	6:00 PM
12:00 PM	MUST DOs
1:00 PM	☐
2:00 PM	☐
3:00 PM	☐

WEDNESDAY

9:00 AM	4:00 PM
10:00 AM	5:00 PM
11:00 AM	6:00 PM
12:00 PM	MUST DOs
1:00 PM	☐
2:00 PM	☐
3:00 PM	☐

THURSDAY

9:00 AM	4:00 PM
10:00 AM	5:00 PM
11:00 AM	6:00 PM
12:00 PM	MUST DOs
1:00 PM	☐
2:00 PM	☐
3:00 PM	☐

FRIDAY

9:00 AM	4:00 PM
10:00 AM	5:00 PM
11:00 AM	6:00 PM
12:00 PM	MUST DOs
1:00 PM	☐
2:00 PM	☐
3:00 PM	☐

SATURDAY

9:00 AM	4:00 PM
10:00 AM	5:00 PM
11:00 AM	6:00 PM
12:00 PM	MUST DOs
1:00 PM	☐
2:00 PM	☐
3:00 PM	☐

SUNDAY

9:00 AM	4:00 PM
10:00 AM	5:00 PM
11:00 AM	6:00 PM
12:00 PM	MUST DOs
1:00 PM	☐
2:00 PM	☐
3:00 PM	☐

NOTES

....

....

....

....

....

Thoughts

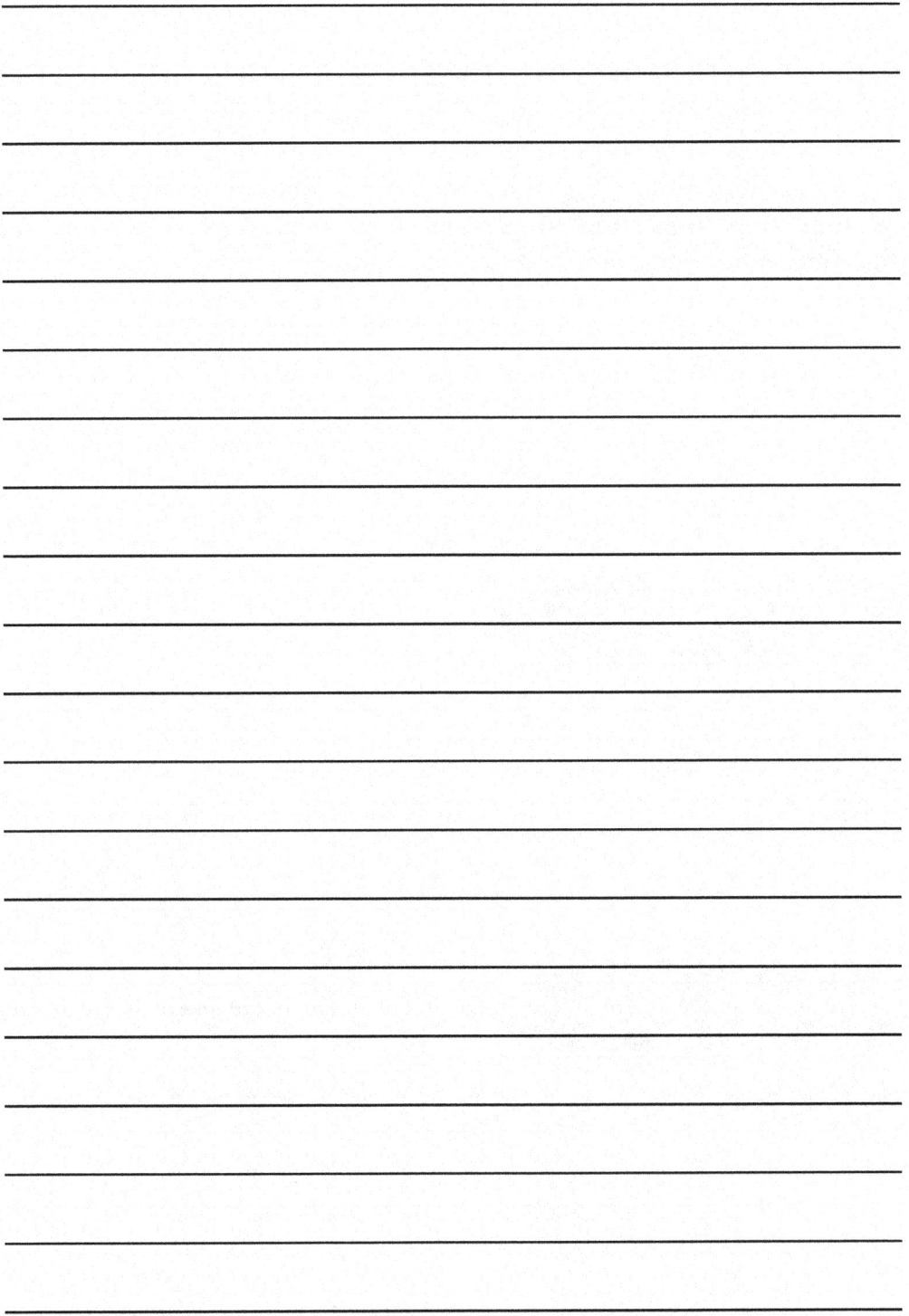

MONDAY

9:00 AM	4:00 PM
10:00 AM	5:00 PM
11:00 AM	6:00 PM
12:00 PM	MUST DOs
1:00 PM	☐
2:00 PM	☐
3:00 PM	☐

TUESDAY

9:00 AM	4:00 PM
10:00 AM	5:00 PM
11:00 AM	6:00 PM
12:00 PM	MUST DOs
1:00 PM	☐
2:00 PM	☐
3:00 PM	☐

WEDNESDAY

9:00 AM	4:00 PM
10:00 AM	5:00 PM
11:00 AM	6:00 PM
12:00 PM	MUST DOs
1:00 PM	☐
2:00 PM	☐
3:00 PM	☐

THURSDAY

9:00 AM	4:00 PM
10:00 AM	5:00 PM
11:00 AM	6:00 PM
12:00 PM	MUST DOs
1:00 PM	☐
2:00 PM	☐
3:00 PM	☐

FRIDAY

9:00 AM	4:00 PM
10:00 AM	5:00 PM
11:00 AM	6:00 PM
12:00 PM	MUST DOs
1:00 PM	☐
2:00 PM	☐
3:00 PM	☐

SATURDAY

9:00 AM	4:00 PM
10:00 AM	5:00 PM
11:00 AM	6:00 PM
12:00 PM	MUST DOs
1:00 PM	☐
2:00 PM	☐
3:00 PM	☐

SUNDAY

9:00 AM	4:00 PM
10:00 AM	5:00 PM
11:00 AM	6:00 PM
12:00 PM	MUST DOs
1:00 PM	☐
2:00 PM	☐
3:00 PM	☐

NOTES

THOUGHTS

_____

_____

_____

_____

_____

_____

_____

_____

_____

_____

_____

_____

_____

_____

_____

_____

_____

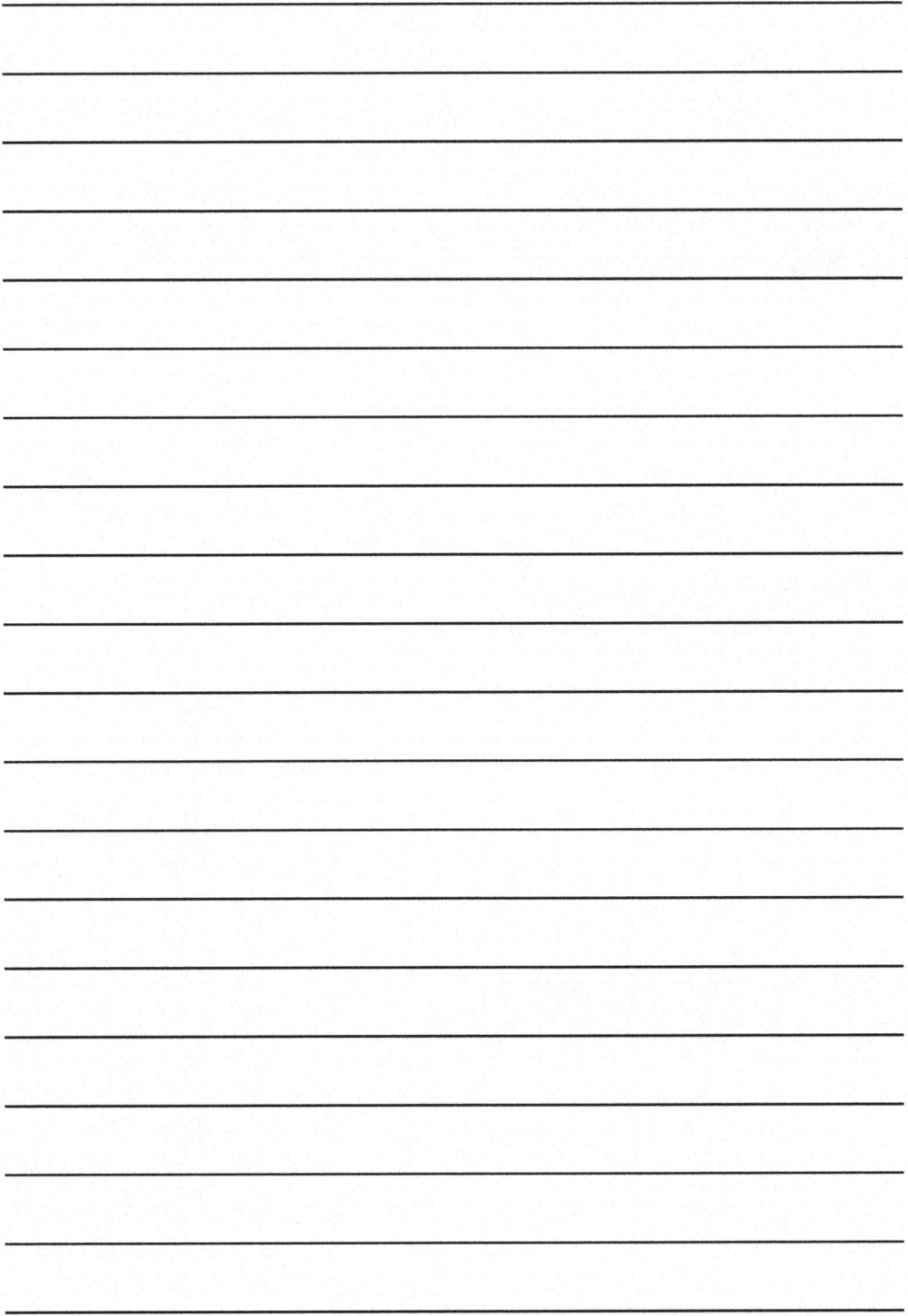

MONDAY

9:00 AM	4:00 PM
10:00 AM	5:00 PM
11:00 AM	6:00 PM
12:00 PM	MUST DOs
1:00 PM	☐
2:00 PM	☐
3:00 PM	☐

TUESDAY

9:00 AM	4:00 PM
10:00 AM	5:00 PM
11:00 AM	6:00 PM
12:00 PM	MUST DOs
1:00 PM	☐
2:00 PM	☐
3:00 PM	☐

WEDNESDAY

9:00 AM	4:00 PM
10:00 AM	5:00 PM
11:00 AM	6:00 PM
12:00 PM	MUST DOs
1:00 PM	☐
2:00 PM	☐
3:00 PM	☐

THURSDAY

9:00 AM	4:00 PM
10:00 AM	5:00 PM
11:00 AM	6:00 PM
12:00 PM	MUST DOs
1:00 PM	☐
2:00 PM	☐
3:00 PM	☐

FRIDAY

9:00 AM	4:00 PM
10:00 AM	5:00 PM
11:00 AM	6:00 PM
12:00 PM	MUST DOs
1:00 PM	☐
2:00 PM	☐
3:00 PM	☐

SATURDAY

9:00 AM	4:00 PM
10:00 AM	5:00 PM
11:00 AM	6:00 PM
12:00 PM	MUST DOs
1:00 PM	☐
2:00 PM	☐
3:00 PM	☐

SUNDAY

9:00 AM	4:00 PM
10:00 AM	5:00 PM
11:00 AM	6:00 PM
12:00 PM	MUST DOs
1:00 PM	☐
2:00 PM	☐
3:00 PM	☐

NOTES

THOUGHTS

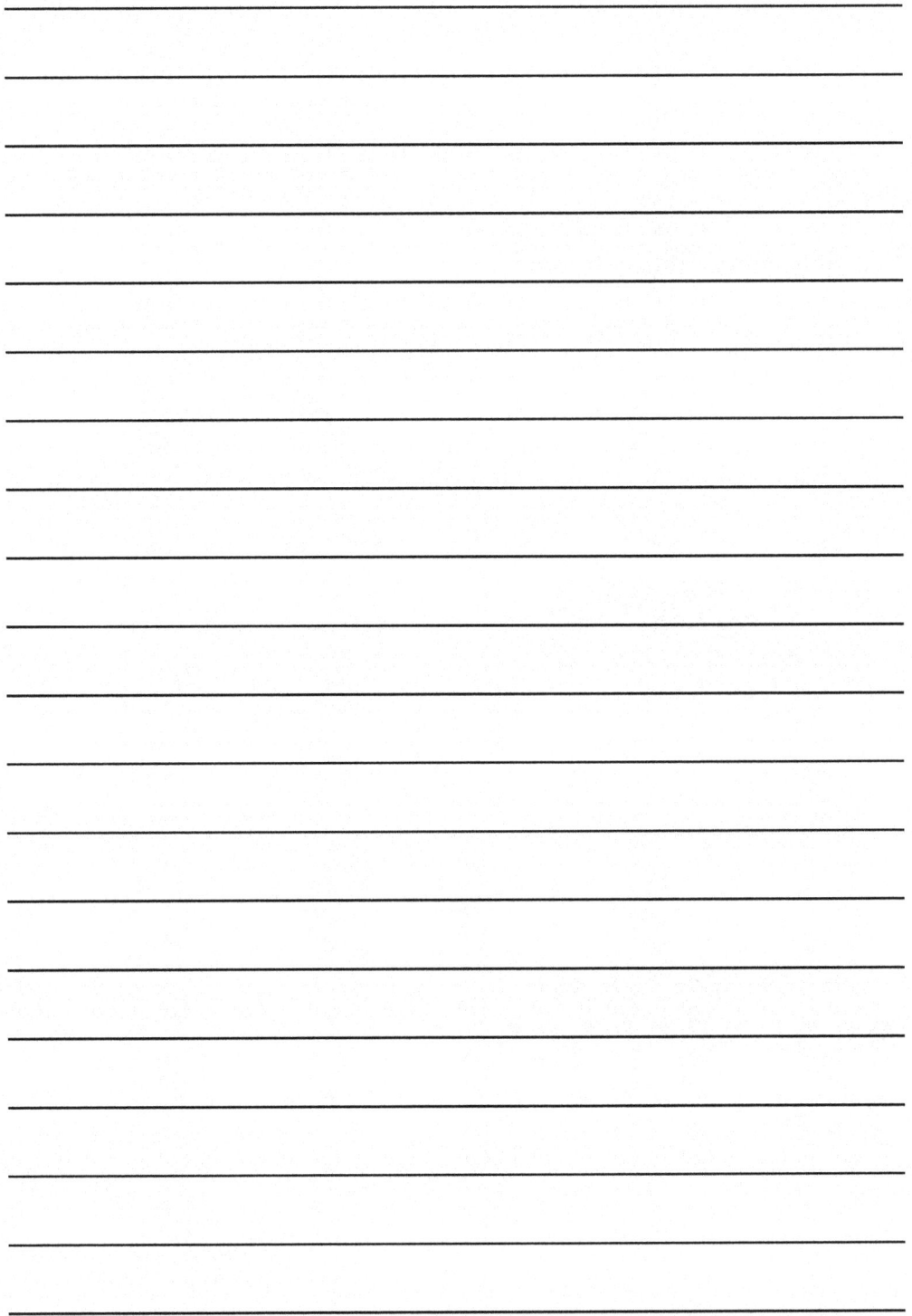

MONDAY

9:00 AM	4:00 PM
10:00 AM	5:00 PM
11:00 AM	6:00 PM
12:00 PM	MUST DOs
1:00 PM	☐
2:00 PM	☐
3:00 PM	☐

TUESDAY

9:00 AM	4:00 PM
10:00 AM	5:00 PM
11:00 AM	6:00 PM
12:00 PM	MUST DOs
1:00 PM	☐
2:00 PM	☐
3:00 PM	☐

WEDNESDAY

9:00 AM	4:00 PM
10:00 AM	5:00 PM
11:00 AM	6:00 PM
12:00 PM	MUST DOs
1:00 PM	☐
2:00 PM	☐
3:00 PM	☐

THURSDAY

9:00 AM	4:00 PM
10:00 AM	5:00 PM
11:00 AM	6:00 PM
12:00 PM	MUST DOs
1:00 PM	☐
2:00 PM	☐
3:00 PM	☐

FRIDAY

9:00 AM	4:00 PM
10:00 AM	5:00 PM
11:00 AM	6:00 PM
12:00 PM	MUST DOs
1:00 PM	☐
2:00 PM	☐
3:00 PM	☐

SATURDAY

9:00 AM	4:00 PM
10:00 AM	5:00 PM
11:00 AM	6:00 PM
12:00 PM	MUST DOs
1:00 PM	☐
2:00 PM	☐
3:00 PM	☐

SUNDAY

9:00 AM	4:00 PM
10:00 AM	5:00 PM
11:00 AM	6:00 PM
12:00 PM	MUST DOs
1:00 PM	☐
2:00 PM	☐
3:00 PM	☐

NOTES

THOUGHTS

_____

_____

_____

_____

_____

_____

_____

_____

_____

_____

_____

_____

_____

_____

_____

_____

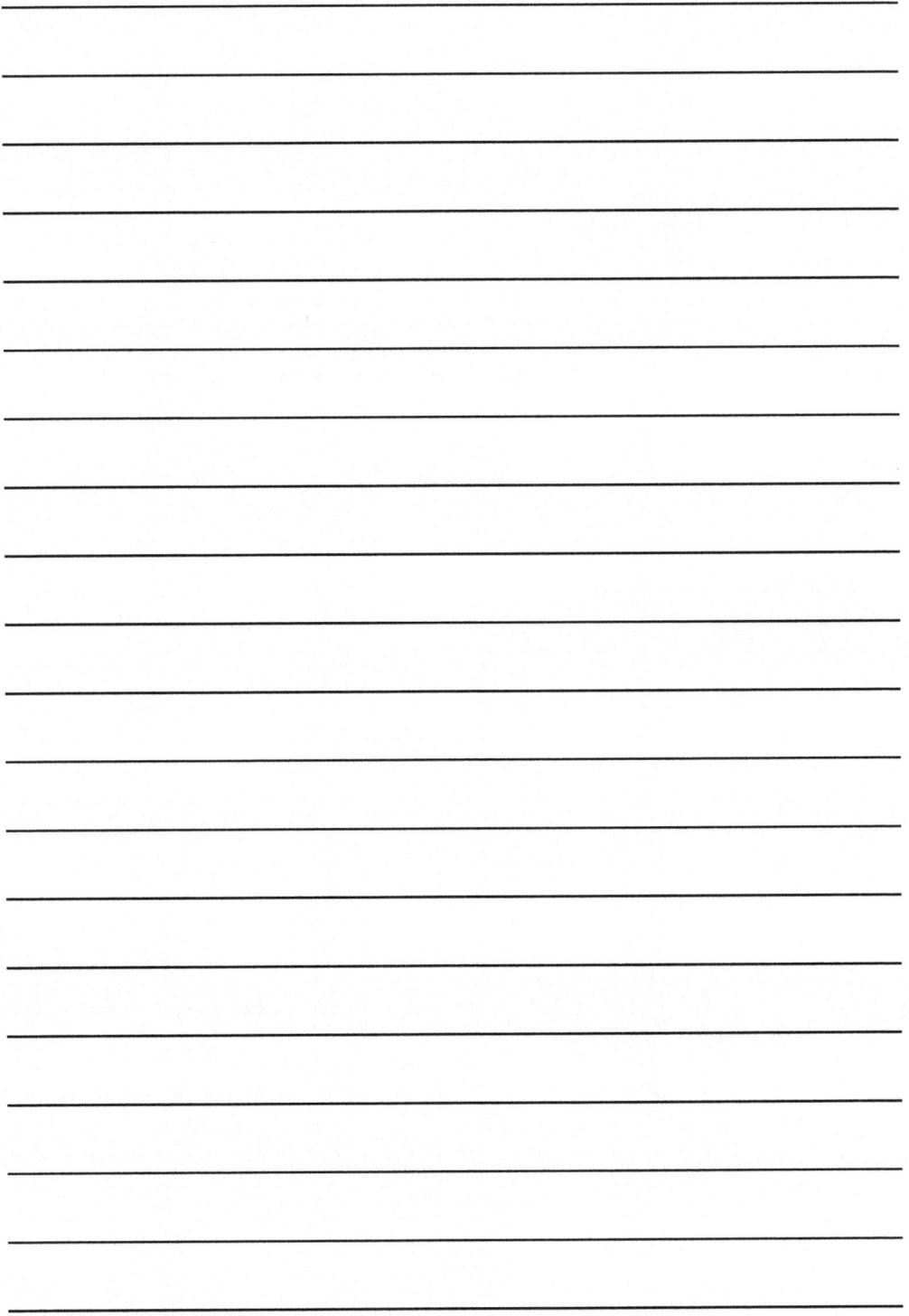

MONDAY

9:00 AM	4:00 PM
10:00 AM	5:00 PM
11:00 AM	6:00 PM
12:00 PM	MUST DOs
1:00 PM	☐
2:00 PM	☐
3:00 PM	☐

TUESDAY

9:00 AM	4:00 PM
10:00 AM	5:00 PM
11:00 AM	6:00 PM
12:00 PM	MUST DOs
1:00 PM	☐
2:00 PM	☐
3:00 PM	☐

WEDNESDAY

9:00 AM	4:00 PM
10:00 AM	5:00 PM
11:00 AM	6:00 PM
12:00 PM	MUST DOs
1:00 PM	☐
2:00 PM	☐
3:00 PM	☐

THURSDAY

9:00 AM	4:00 PM
10:00 AM	5:00 PM
11:00 AM	6:00 PM
12:00 PM	MUST DOs
1:00 PM	☐
2:00 PM	☐
3:00 PM	☐

FRIDAY

9:00 AM	4:00 PM
10:00 AM	5:00 PM
11:00 AM	6:00 PM
12:00 PM	MUST DOs
1:00 PM	☐
2:00 PM	☐
3:00 PM	☐

SATURDAY

9:00 AM	4:00 PM
10:00 AM	5:00 PM
11:00 AM	6:00 PM
12:00 PM	MUST DOs
1:00 PM	☐
2:00 PM	☐
3:00 PM	☐

SUNDAY

9:00 AM	4:00 PM
10:00 AM	5:00 PM
11:00 AM	6:00 PM
12:00 PM	MUST DOs
1:00 PM	☐
2:00 PM	☐
3:00 PM	☐

NOTES

THOUGHTS

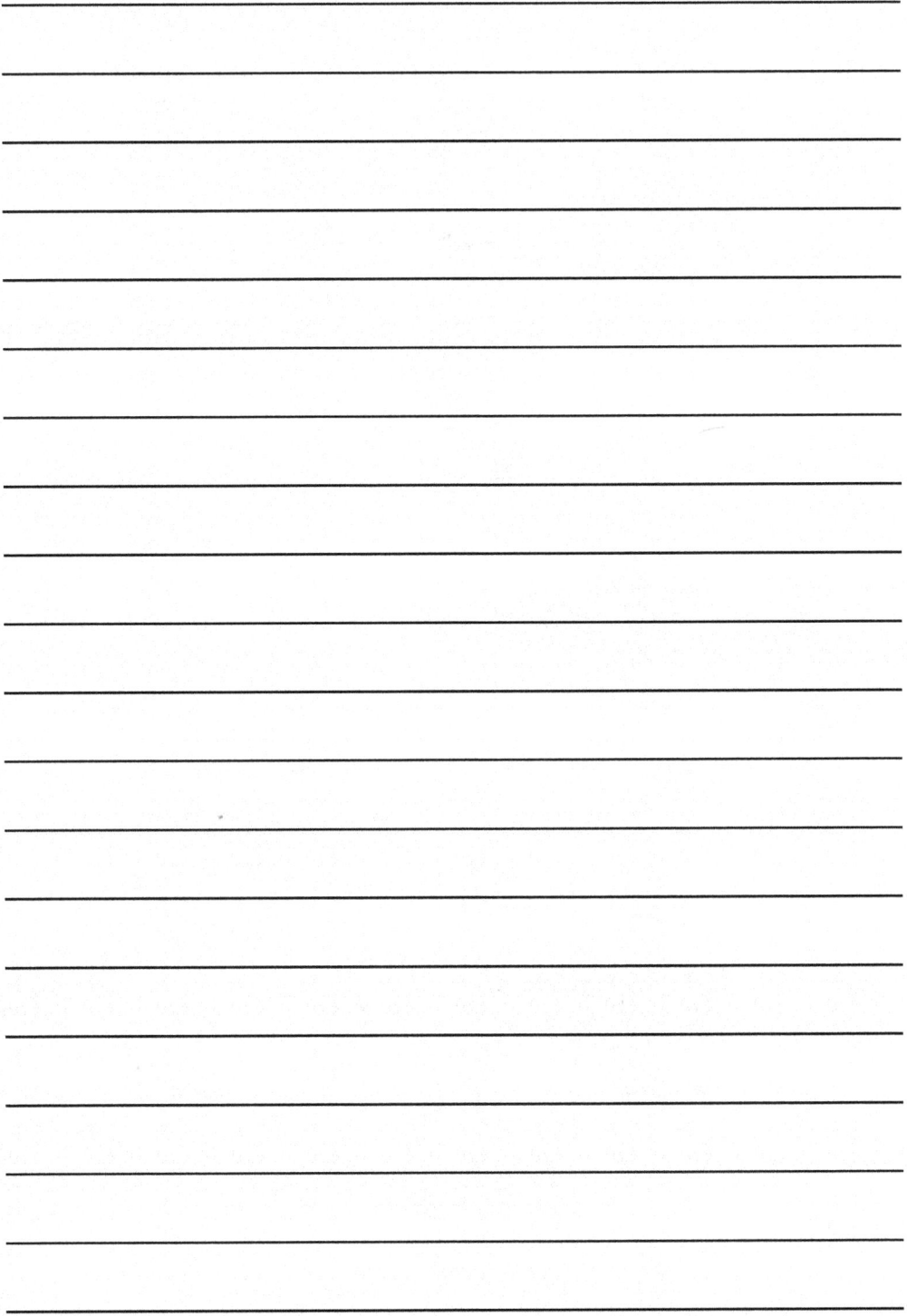

MONDAY

9:00 AM	4:00 PM
10:00 AM	5:00 PM
11:00 AM	6:00 PM
12:00 PM	MUST DOs
1:00 PM	☐
2:00 PM	☐
3:00 PM	☐

TUESDAY

9:00 AM	4:00 PM
10:00 AM	5:00 PM
11:00 AM	6:00 PM
12:00 PM	MUST DOs
1:00 PM	☐
2:00 PM	☐
3:00 PM	☐

WEDNESDAY

9:00 AM	4:00 PM
10:00 AM	5:00 PM
11:00 AM	6:00 PM
12:00 PM	MUST DOs
1:00 PM	☐
2:00 PM	☐
3:00 PM	☐

THURSDAY

9:00 AM	4:00 PM
10:00 AM	5:00 PM
11:00 AM	6:00 PM
12:00 PM	MUST DOs
1:00 PM	☐
2:00 PM	☐
3:00 PM	☐

FRIDAY

9:00 AM	4:00 PM
10:00 AM	5:00 PM
11:00 AM	6:00 PM
12:00 PM	MUST DOs
1:00 PM	☐
2:00 PM	☐
3:00 PM	☐

SATURDAY

9:00 AM	4:00 PM
10:00 AM	5:00 PM
11:00 AM	6:00 PM
12:00 PM	MUST DOs
1:00 PM	☐
2:00 PM	☐
3:00 PM	☐

SUNDAY

9:00 AM	4:00 PM
10:00 AM	5:00 PM
11:00 AM	6:00 PM
12:00 PM	MUST DOs
1:00 PM	☐
2:00 PM	☐
3:00 PM	☐

NOTES

....

....

....

....

....

THOUGHTS

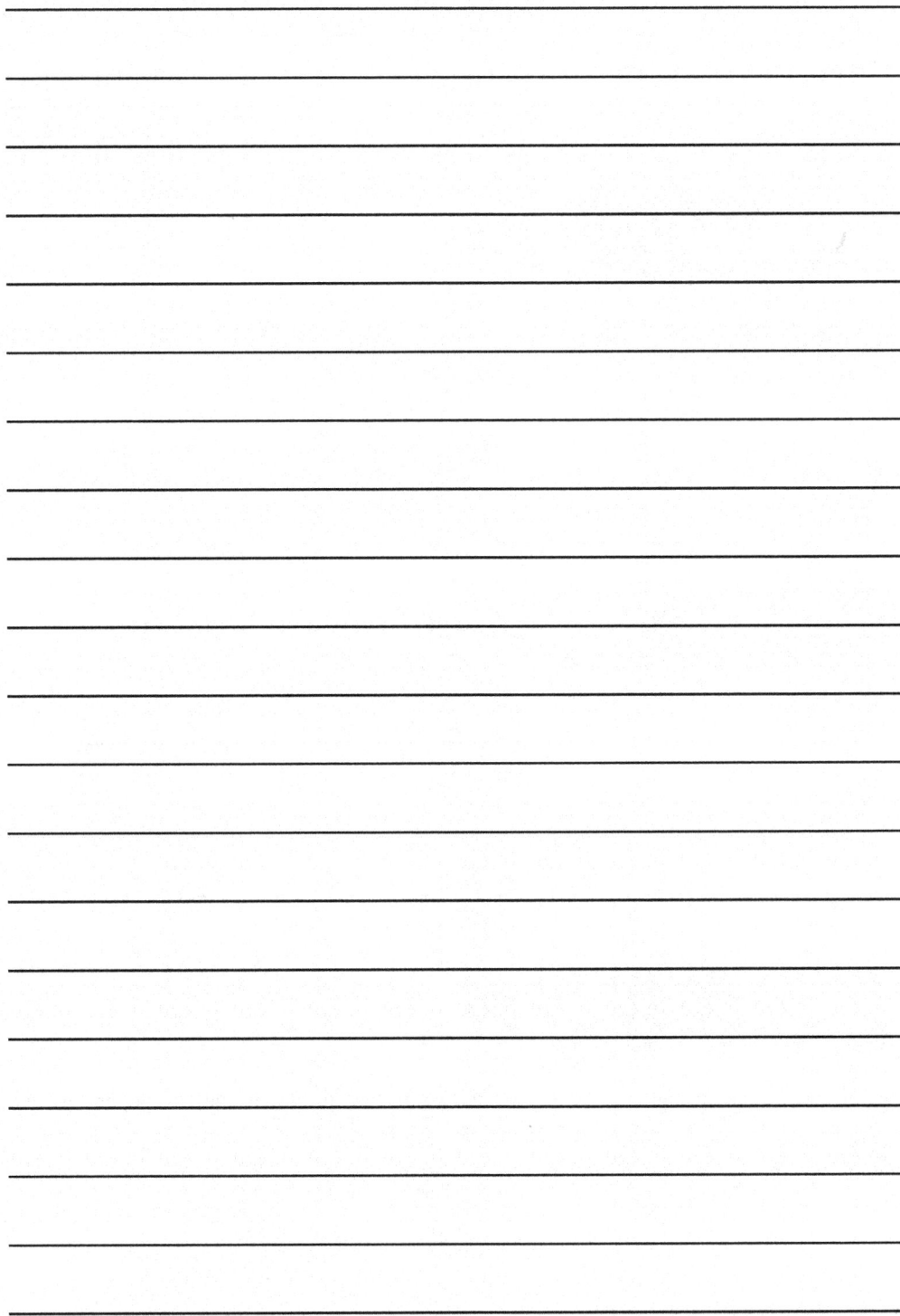

MONDAY

9:00 AM	4:00 PM
10:00 AM	5:00 PM
11:00 AM	6:00 PM
12:00 PM	MUST DOs
1:00 PM	☐
2:00 PM	☐
3:00 PM	☐

TUESDAY

9:00 AM	4:00 PM
10:00 AM	5:00 PM
11:00 AM	6:00 PM
12:00 PM	MUST DOs
1:00 PM	☐
2:00 PM	☐
3:00 PM	☐

WEDNESDAY

9:00 AM	4:00 PM
10:00 AM	5:00 PM
11:00 AM	6:00 PM
12:00 PM	MUST DOs
1:00 PM	☐
2:00 PM	☐
3:00 PM	☐

THURSDAY

9:00 AM	4:00 PM
10:00 AM	5:00 PM
11:00 AM	6:00 PM
12:00 PM	MUST DOs
1:00 PM	☐
2:00 PM	☐
3:00 PM	☐

FRIDAY

9:00 AM	4:00 PM
10:00 AM	5:00 PM
11:00 AM	6:00 PM
12:00 PM	MUST DOs
1:00 PM	☐
2:00 PM	☐
3:00 PM	☐

SATURDAY

9:00 AM	4:00 PM
10:00 AM	5:00 PM
11:00 AM	6:00 PM
12:00 PM	MUST DOs
1:00 PM	☐
2:00 PM	☐
3:00 PM	☐

SUNDAY

9:00 AM	4:00 PM
10:00 AM	5:00 PM
11:00 AM	6:00 PM
12:00 PM	MUST DOs
1:00 PM	☐
2:00 PM	☐
3:00 PM	☐

NOTES

THOUGHTS

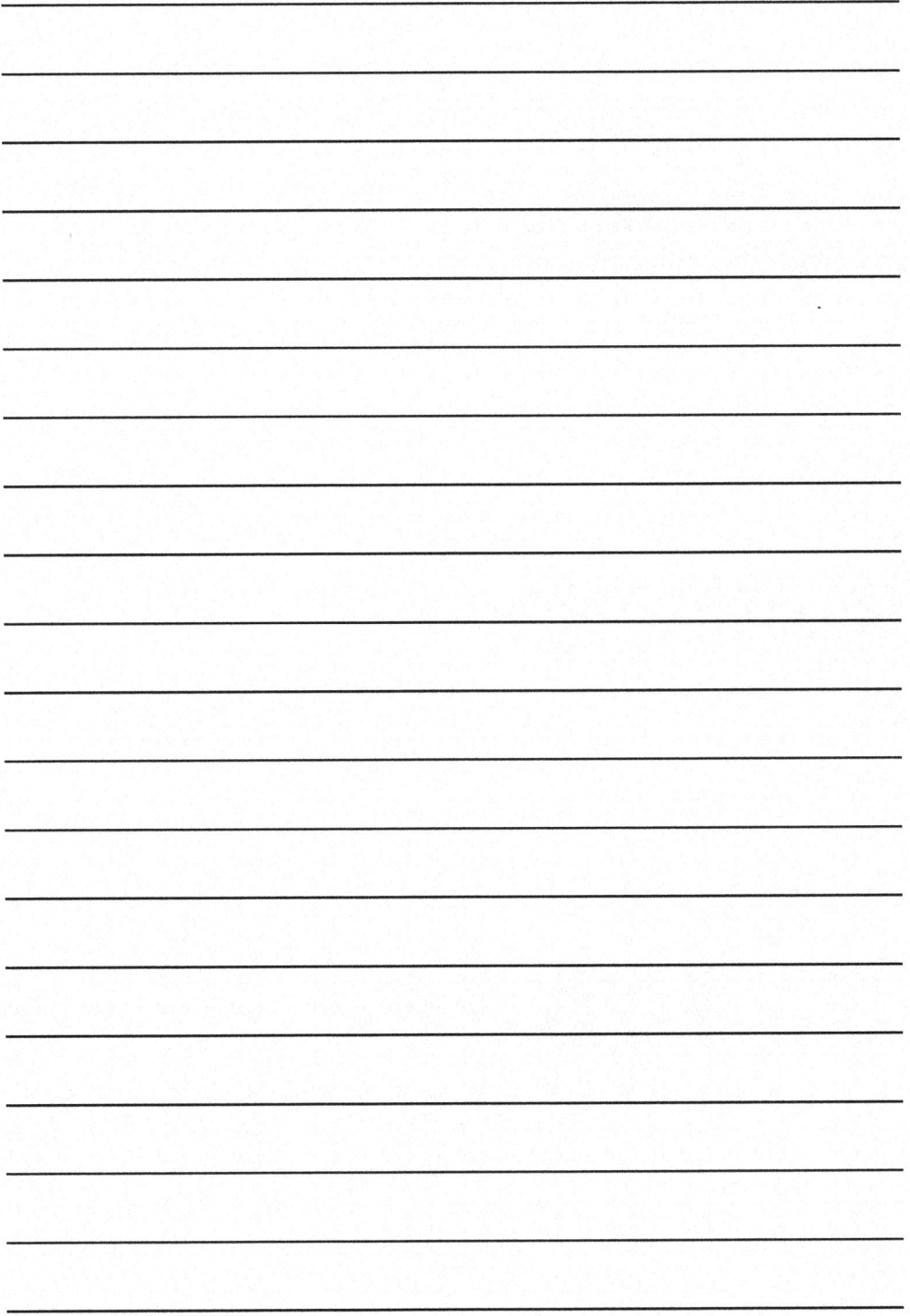

MONDAY

9:00 AM	4:00 PM
10:00 AM	5:00 PM
11:00 AM	6:00 PM
12:00 PM	MUST DOs
1:00 PM	☐
2:00 PM	☐
3:00 PM	☐

TUESDAY

9:00 AM	4:00 PM
10:00 AM	5:00 PM
11:00 AM	6:00 PM
12:00 PM	MUST DOs
1:00 PM	☐
2:00 PM	☐
3:00 PM	☐

WEDNESDAY

9:00 AM	4:00 PM
10:00 AM	5:00 PM
11:00 AM	6:00 PM
12:00 PM	MUST DOs
1:00 PM	☐
2:00 PM	☐
3:00 PM	☐

THURSDAY

9:00 AM	4:00 PM
10:00 AM	5:00 PM
11:00 AM	6:00 PM
12:00 PM	MUST DOs
1:00 PM	☐
2:00 PM	☐
3:00 PM	☐

FRIDAY

9:00 AM	4:00 PM
10:00 AM	5:00 PM
11:00 AM	6:00 PM
12:00 PM	MUST DOs
1:00 PM	☐
2:00 PM	☐
3:00 PM	☐

SATURDAY

9:00 AM	4:00 PM
10:00 AM	5:00 PM
11:00 AM	6:00 PM
12:00 PM	MUST DOs
1:00 PM	☐
2:00 PM	☐
3:00 PM	☐

SUNDAY

9:00 AM	4:00 PM
10:00 AM	5:00 PM
11:00 AM	6:00 PM
12:00 PM	MUST DOs
1:00 PM	☐
2:00 PM	☐
3:00 PM	☐

NOTES

THOUGHTS

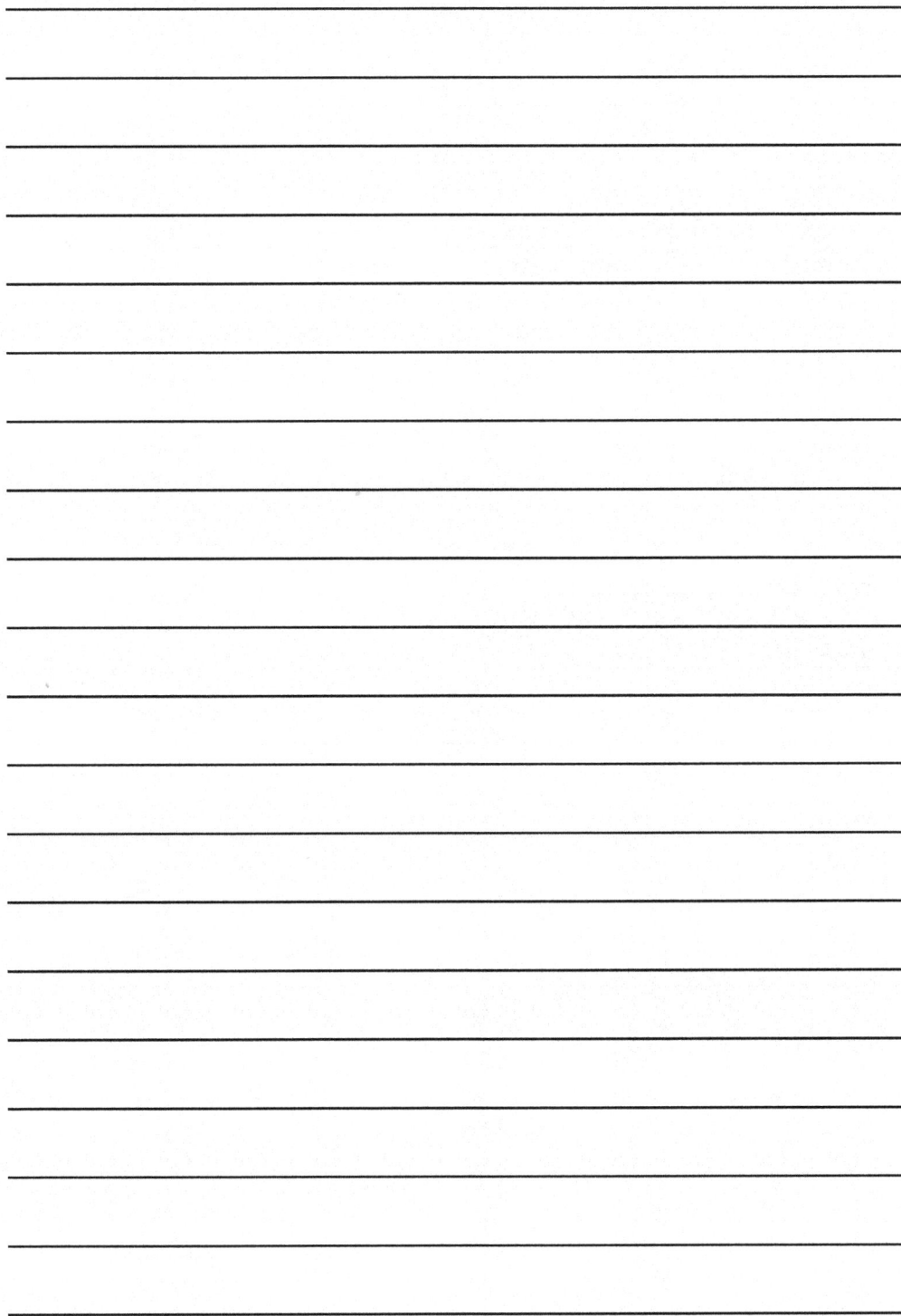

MONDAY

9:00 AM	4:00 PM
10:00 AM	5:00 PM
11:00 AM	6:00 PM
12:00 PM	MUST DOs
1:00 PM	☐
2:00 PM	☐
3:00 PM	☐

TUESDAY

9:00 AM	4:00 PM
10:00 AM	5:00 PM
11:00 AM	6:00 PM
12:00 PM	MUST DOs
1:00 PM	☐
2:00 PM	☐
3:00 PM	☐

WEDNESDAY

9:00 AM	4:00 PM
10:00 AM	5:00 PM
11:00 AM	6:00 PM
12:00 PM	MUST DOs
1:00 PM	☐
2:00 PM	☐
3:00 PM	☐

THURSDAY

9:00 AM	4:00 PM
10:00 AM	5:00 PM
11:00 AM	6:00 PM
12:00 PM	MUST DOs
1:00 PM	☐
2:00 PM	☐
3:00 PM	☐

FRIDAY

9:00 AM	4:00 PM
10:00 AM	5:00 PM
11:00 AM	6:00 PM
12:00 PM	MUST DOs
1:00 PM	☐
2:00 PM	☐
3:00 PM	☐

SATURDAY

9:00 AM	4:00 PM
10:00 AM	5:00 PM
11:00 AM	6:00 PM
12:00 PM	MUST DOs
1:00 PM	☐
2:00 PM	☐
3:00 PM	☐

SUNDAY

9:00 AM	4:00 PM
10:00 AM	5:00 PM
11:00 AM	6:00 PM
12:00 PM	MUST DOs
1:00 PM	☐
2:00 PM	☐
3:00 PM	☐

NOTES

THOUGHTS

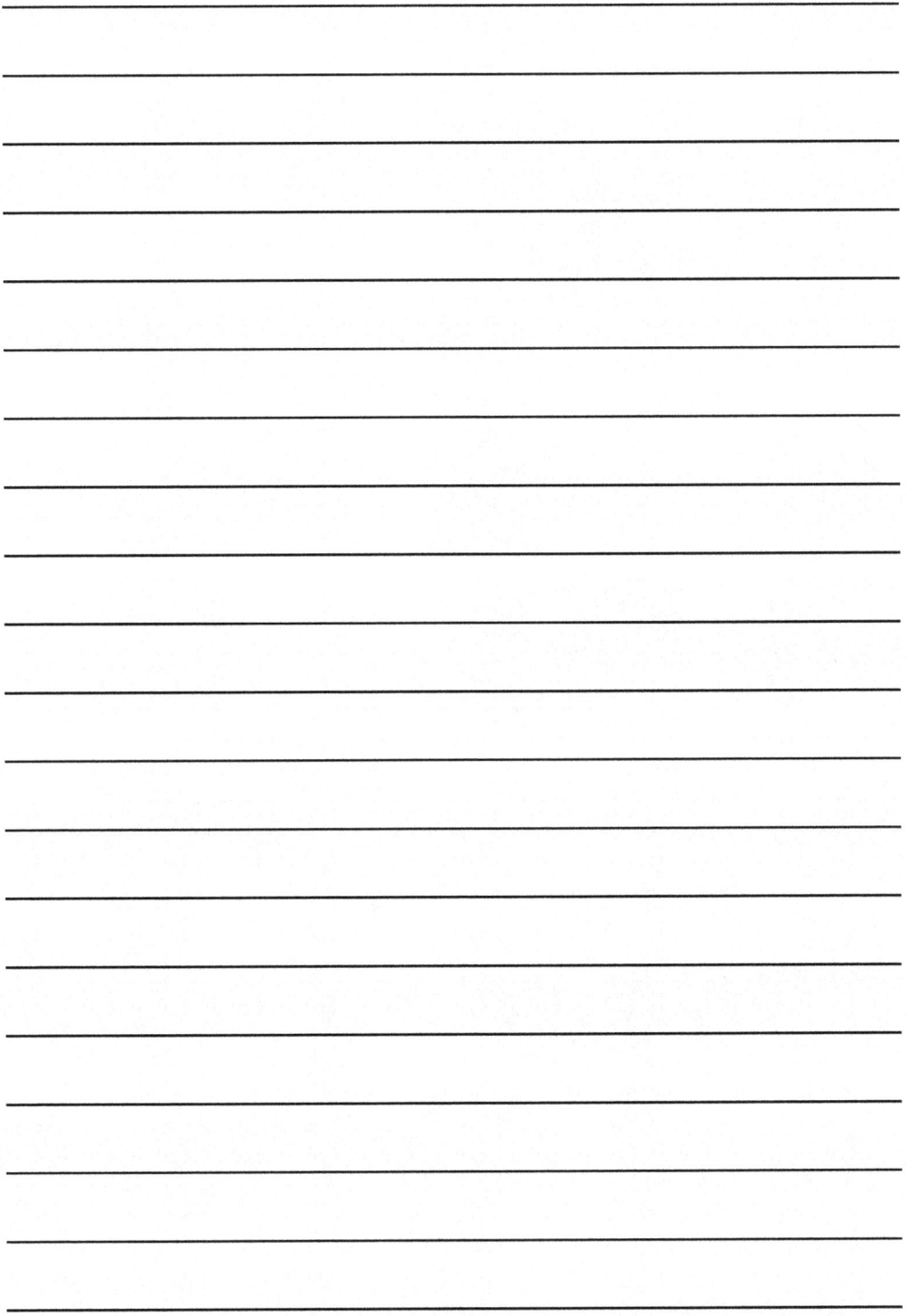

MONDAY

9:00 AM	4:00 PM
10:00 AM	5:00 PM
11:00 AM	6:00 PM
12:00 PM	MUST DOs
1:00 PM	☐
2:00 PM	☐
3:00 PM	☐

TUESDAY

9:00 AM	4:00 PM
10:00 AM	5:00 PM
11:00 AM	6:00 PM
12:00 PM	MUST DOs
1:00 PM	☐
2:00 PM	☐
3:00 PM	☐

WEDNESDAY

9:00 AM	4:00 PM
10:00 AM	5:00 PM
11:00 AM	6:00 PM
12:00 PM	MUST DOs
1:00 PM	☐
2:00 PM	☐
3:00 PM	☐

THURSDAY

9:00 AM	4:00 PM
10:00 AM	5:00 PM
11:00 AM	6:00 PM
12:00 PM	MUST DOs
1:00 PM	☐
2:00 PM	☐
3:00 PM	☐

FRIDAY

9:00 AM	4:00 PM
10:00 AM	5:00 PM
11:00 AM	6:00 PM
12:00 PM	MUST DOs
1:00 PM	☐
2:00 PM	☐
3:00 PM	☐

SATURDAY

9:00 AM	4:00 PM
10:00 AM	5:00 PM
11:00 AM	6:00 PM
12:00 PM	MUST DOs
1:00 PM	☐
2:00 PM	☐
3:00 PM	☐

SUNDAY

9:00 AM	4:00 PM
10:00 AM	5:00 PM
11:00 AM	6:00 PM
12:00 PM	MUST DOs
1:00 PM	☐
2:00 PM	☐
3:00 PM	☐

NOTES

THOUGHTS

_____

_____

_____

_____

_____

_____

_____

_____

_____

_____

_____

_____

_____

_____

_____

_____

_____

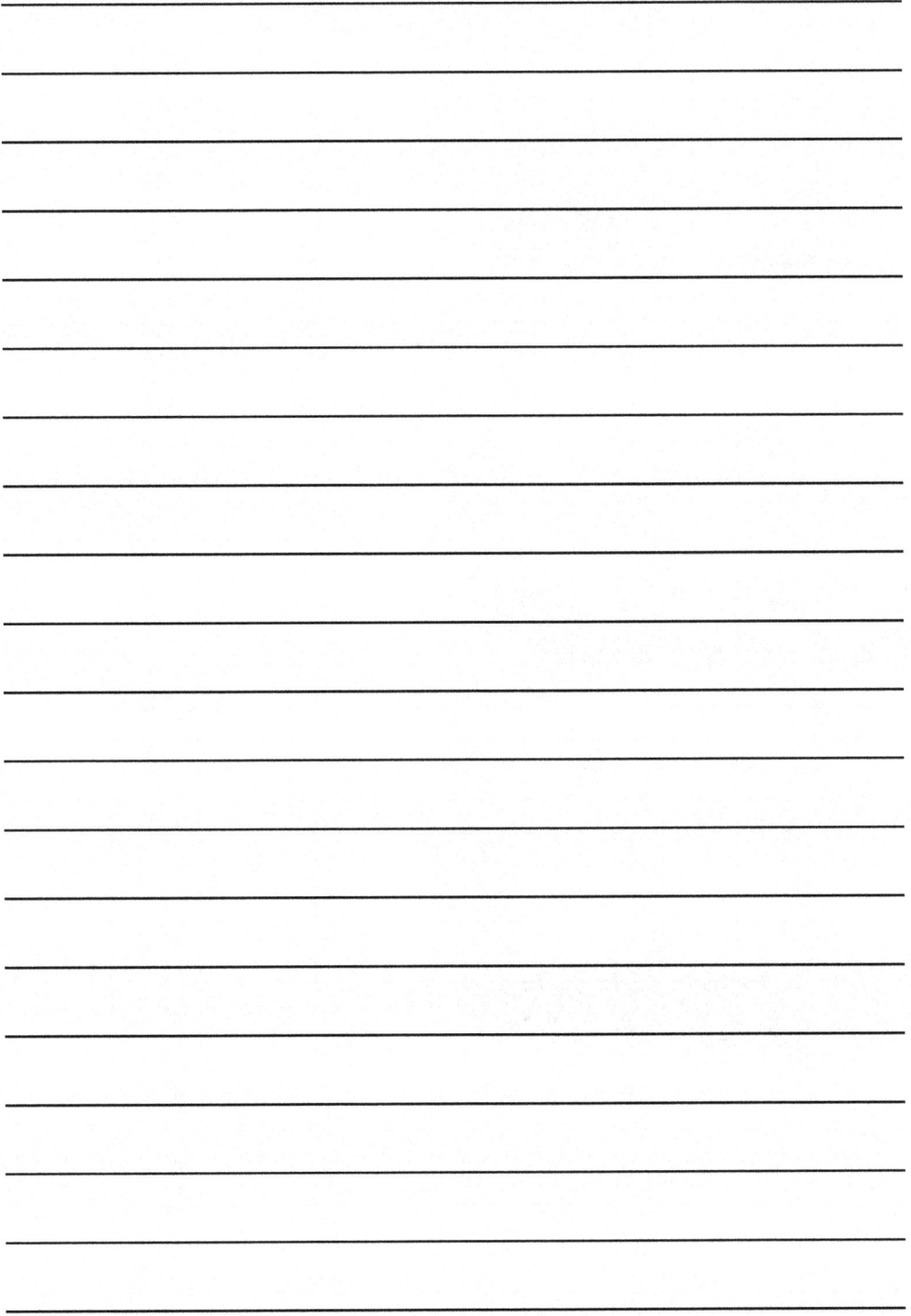

MONDAY

9:00 AM	4:00 PM
10:00 AM	5:00 PM
11:00 AM	6:00 PM
12:00 PM	MUST DOs
1:00 PM	☐
2:00 PM	☐
3:00 PM	☐

TUESDAY

9:00 AM	4:00 PM
10:00 AM	5:00 PM
11:00 AM	6:00 PM
12:00 PM	MUST DOs
1:00 PM	☐
2:00 PM	☐
3:00 PM	☐

WEDNESDAY

9:00 AM	4:00 PM
10:00 AM	5:00 PM
11:00 AM	6:00 PM
12:00 PM	MUST DOs
1:00 PM	☐
2:00 PM	☐
3:00 PM	☐

THURSDAY

9:00 AM	4:00 PM
10:00 AM	5:00 PM
11:00 AM	6:00 PM
12:00 PM	MUST DOs
1:00 PM	☐
2:00 PM	☐
3:00 PM	☐

FRIDAY

9:00 AM	4:00 PM
10:00 AM	5:00 PM
11:00 AM	6:00 PM
12:00 PM	MUST DOs
1:00 PM	☐
2:00 PM	☐
3:00 PM	☐

SATURDAY

9:00 AM	4:00 PM
10:00 AM	5:00 PM
11:00 AM	6:00 PM
12:00 PM	MUST DOs
1:00 PM	☐
2:00 PM	☐
3:00 PM	☐

SUNDAY

9:00 AM	4:00 PM
10:00 AM	5:00 PM
11:00 AM	6:00 PM
12:00 PM	MUST DOs
1:00 PM	☐
2:00 PM	☐
3:00 PM	☐

NOTES

THOUGHTS

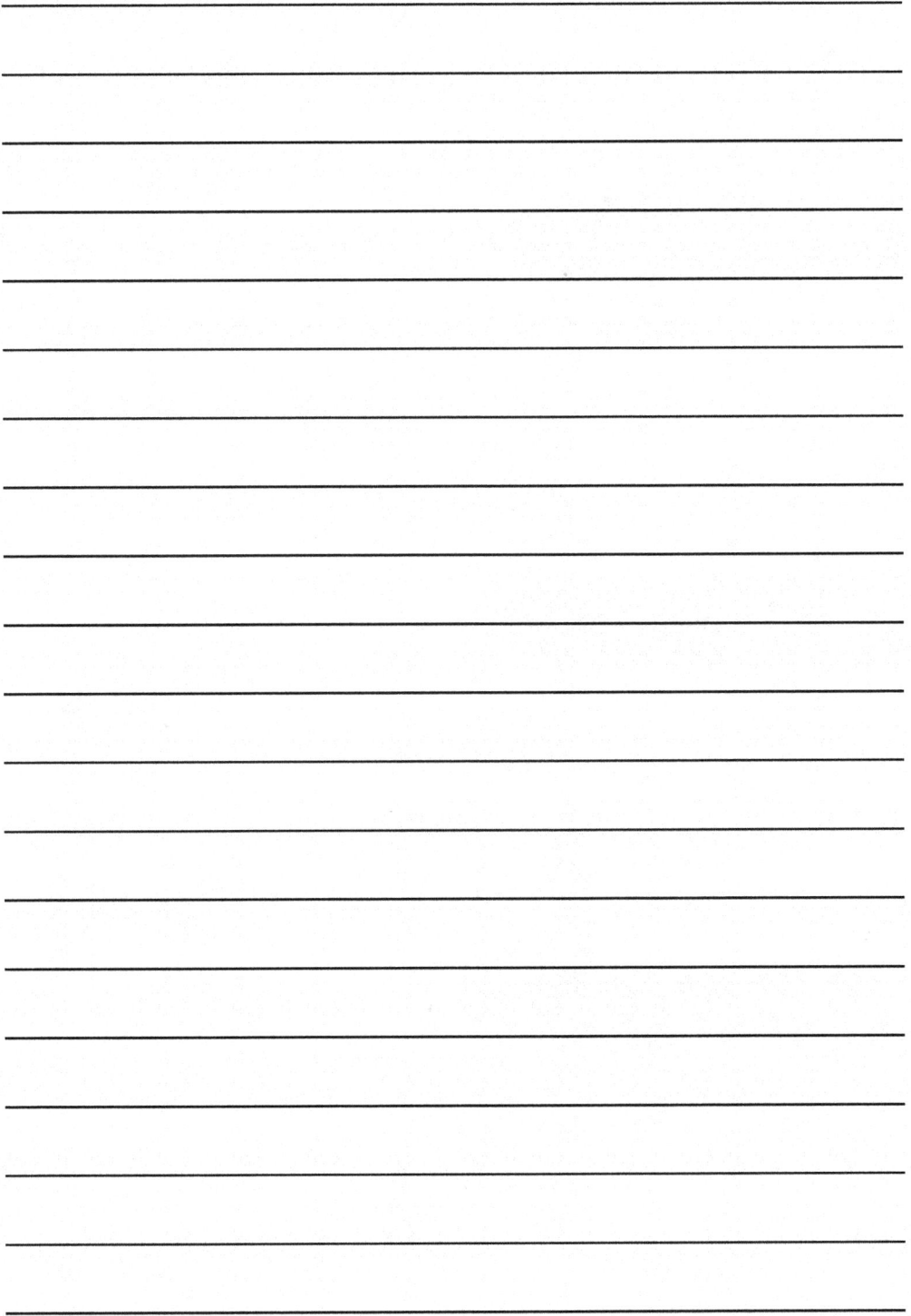

MONDAY

9:00 AM	4:00 PM
10:00 AM	5:00 PM
11:00 AM	6:00 PM
12:00 PM	MUST DOs
1:00 PM	☐
2:00 PM	☐
3:00 PM	☐

TUESDAY

9:00 AM	4:00 PM
10:00 AM	5:00 PM
11:00 AM	6:00 PM
12:00 PM	MUST DOs
1:00 PM	☐
2:00 PM	☐
3:00 PM	☐

WEDNESDAY

9:00 AM	4:00 PM
10:00 AM	5:00 PM
11:00 AM	6:00 PM
12:00 PM	MUST DOs
1:00 PM	☐
2:00 PM	☐
3:00 PM	☐

THURSDAY

9:00 AM	4:00 PM
10:00 AM	5:00 PM
11:00 AM	6:00 PM
12:00 PM	MUST DOs
1:00 PM	☐
2:00 PM	☐
3:00 PM	☐

FRIDAY

9:00 AM	4:00 PM
10:00 AM	5:00 PM
11:00 AM	6:00 PM
12:00 PM	MUST DOs
1:00 PM	☐
2:00 PM	☐
3:00 PM	☐

SATURDAY

9:00 AM	4:00 PM
10:00 AM	5:00 PM
11:00 AM	6:00 PM
12:00 PM	MUST DOs
1:00 PM	☐
2:00 PM	☐
3:00 PM	☐

SUNDAY

9:00 AM	4:00 PM
10:00 AM	5:00 PM
11:00 AM	6:00 PM
12:00 PM	MUST DOs
1:00 PM	☐
2:00 PM	☐
3:00 PM	☐

NOTES

THOUGHTS

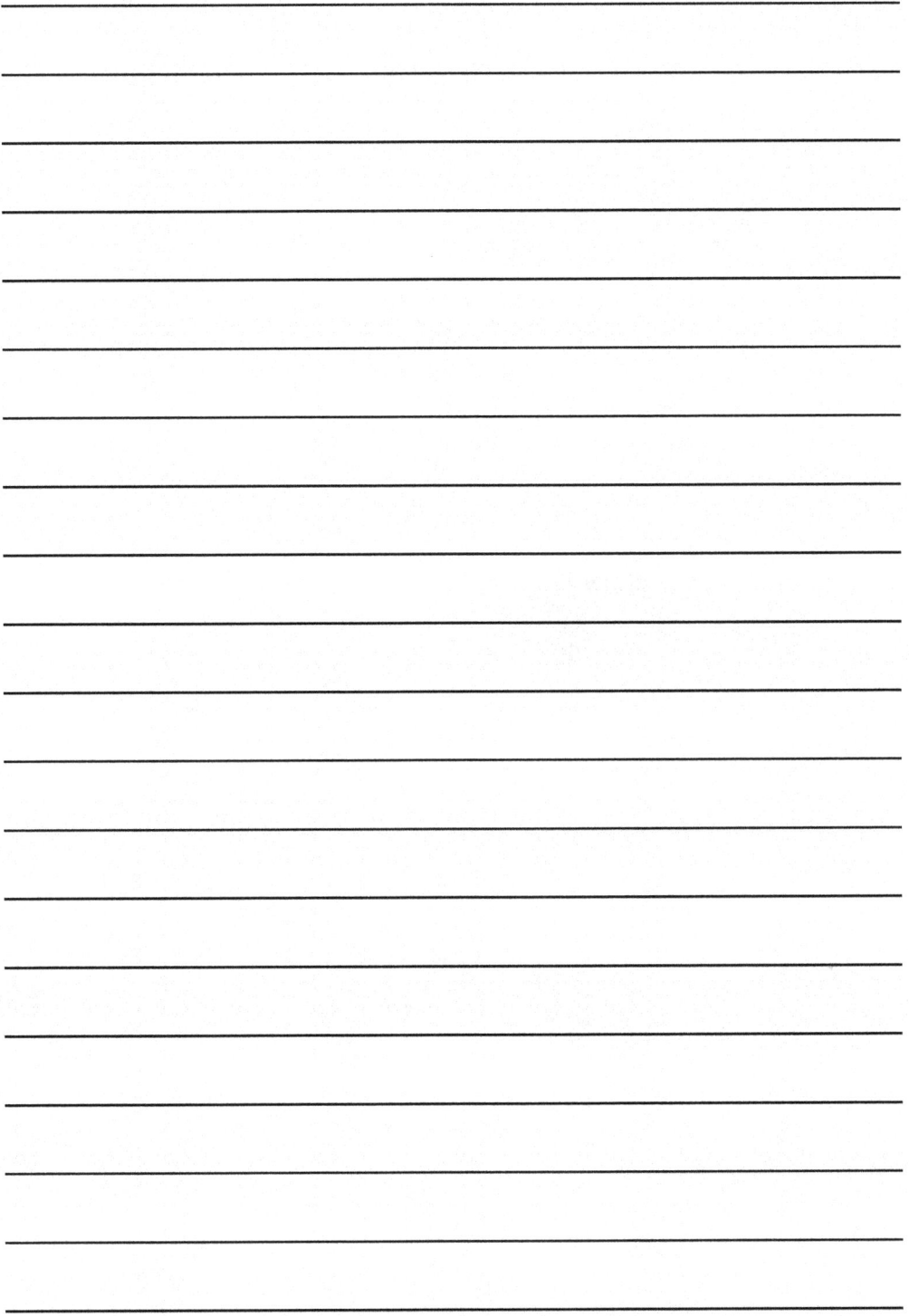

MONDAY

9:00 AM	4:00 PM
10:00 AM	5:00 PM
11:00 AM	6:00 PM
12:00 PM	MUST DOs
1:00 PM	☐
2:00 PM	☐
3:00 PM	☐

TUESDAY

9:00 AM	4:00 PM
10:00 AM	5:00 PM
11:00 AM	6:00 PM
12:00 PM	MUST DOs
1:00 PM	☐
2:00 PM	☐
3:00 PM	☐

WEDNESDAY

9:00 AM	4:00 PM
10:00 AM	5:00 PM
11:00 AM	6:00 PM
12:00 PM	MUST DOs
1:00 PM	☐
2:00 PM	☐
3:00 PM	☐

THURSDAY

9:00 AM	4:00 PM
10:00 AM	5:00 PM
11:00 AM	6:00 PM
12:00 PM	MUST DOs
1:00 PM	☐
2:00 PM	☐
3:00 PM	☐

FRIDAY

9:00 AM	4:00 PM
10:00 AM	5:00 PM
11:00 AM	6:00 PM
12:00 PM	MUST DOs
1:00 PM	☐
2:00 PM	☐
3:00 PM	☐

SATURDAY

9:00 AM	4:00 PM
10:00 AM	5:00 PM
11:00 AM	6:00 PM
12:00 PM	MUST DOs
1:00 PM	☐
2:00 PM	☐
3:00 PM	☐

SUNDAY

9:00 AM	4:00 PM
10:00 AM	5:00 PM
11:00 AM	6:00 PM
12:00 PM	MUST DOs
1:00 PM	☐
2:00 PM	☐
3:00 PM	☐

NOTES

THOUGHTS

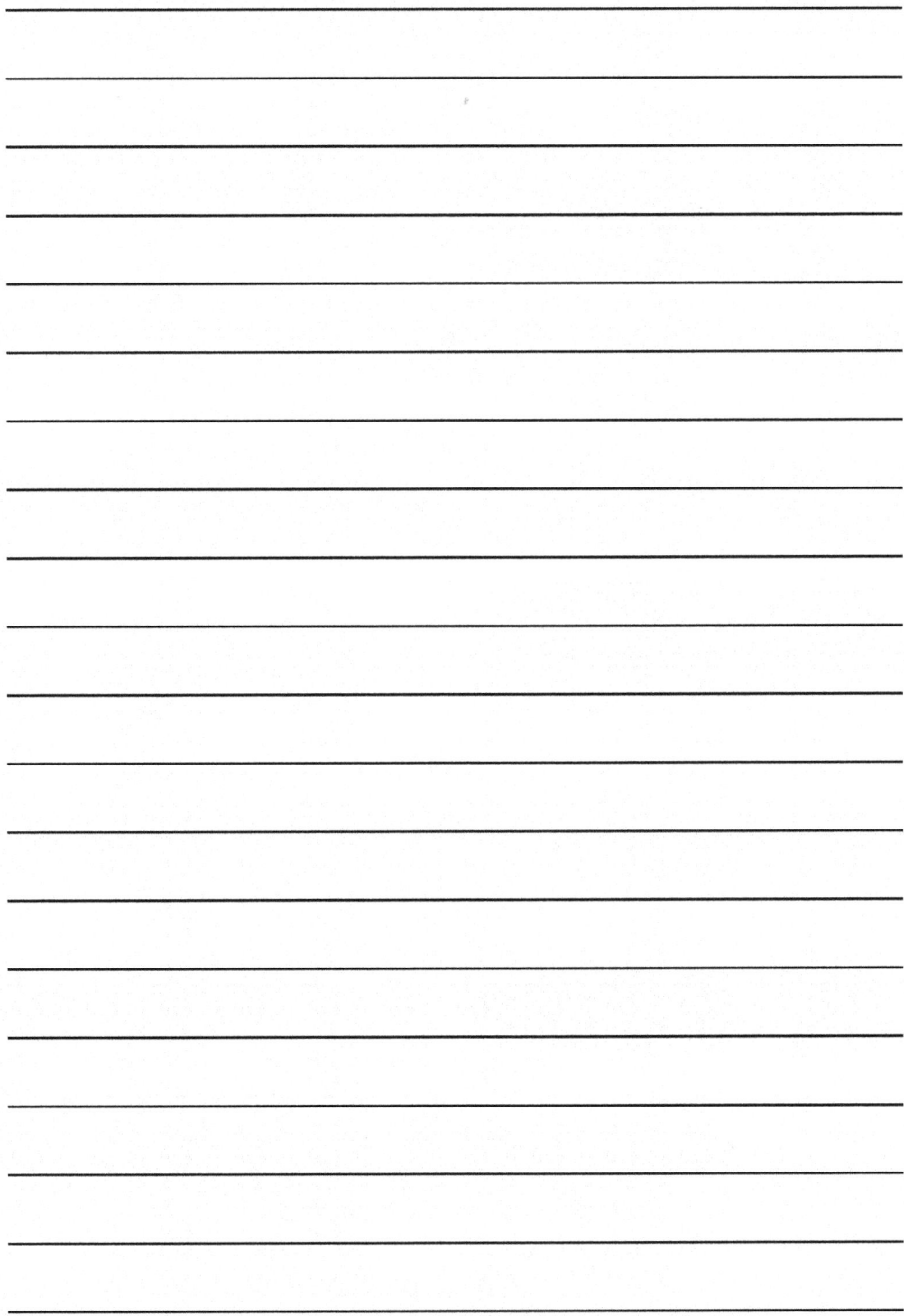

MONDAY

9:00 AM	4:00 PM
10:00 AM	5:00 PM
11:00 AM	6:00 PM
12:00 PM	MUST DOs
1:00 PM	☐
2:00 PM	☐
3:00 PM	☐

TUESDAY

9:00 AM	4:00 PM
10:00 AM	5:00 PM
11:00 AM	6:00 PM
12:00 PM	MUST DOs
1:00 PM	☐
2:00 PM	☐
3:00 PM	☐

WEDNESDAY

9:00 AM	4:00 PM
10:00 AM	5:00 PM
11:00 AM	6:00 PM
12:00 PM	MUST DOs
1:00 PM	☐
2:00 PM	☐
3:00 PM	☐

THURSDAY

9:00 AM	4:00 PM
10:00 AM	5:00 PM
11:00 AM	6:00 PM
12:00 PM	MUST DOs
1:00 PM	☐
2:00 PM	☐
3:00 PM	☐

FRIDAY

9:00 AM	4:00 PM
10:00 AM	5:00 PM
11:00 AM	6:00 PM
12:00 PM	MUST DOs
1:00 PM	❏
2:00 PM	❏
3:00 PM	❏

SATURDAY

9:00 AM	4:00 PM
10:00 AM	5:00 PM
11:00 AM	6:00 PM
12:00 PM	MUST DOs
1:00 PM	❏
2:00 PM	❏
3:00 PM	❏

SUNDAY

9:00 AM	4:00 PM
10:00 AM	5:00 PM
11:00 AM	6:00 PM
12:00 PM	MUST DOs
1:00 PM	❏
2:00 PM	❏
3:00 PM	❏

NOTES

THOUGHTS

_____

_____

_____

_____

_____

_____

_____

_____

_____

_____

_____

_____

_____

_____

_____

_____

_____

_____

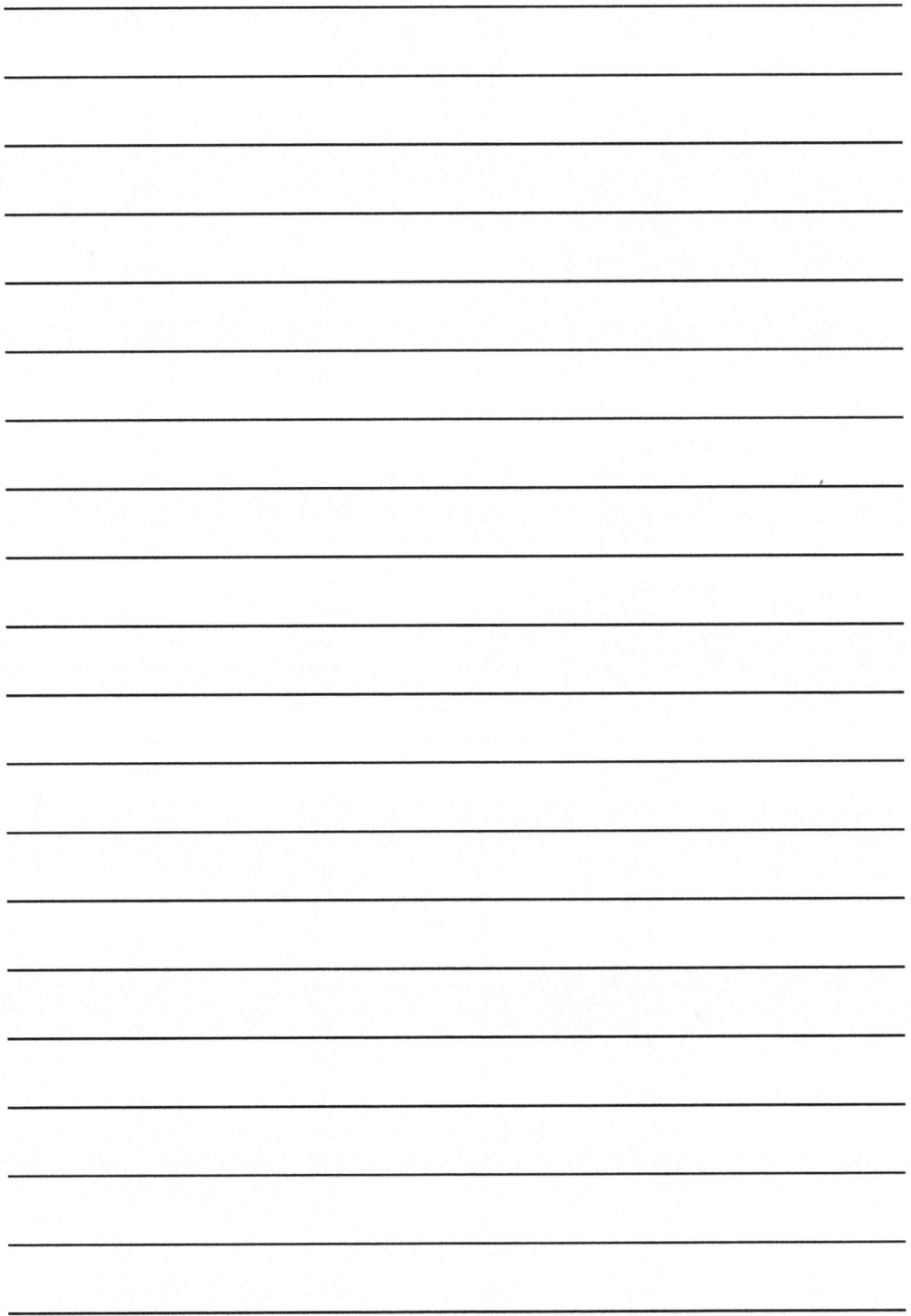

MONDAY

9:00 AM	4:00 PM
10:00 AM	5:00 PM
11:00 AM	6:00 PM
12:00 PM	MUST DOs
1:00 PM	☐
2:00 PM	☐
3:00 PM	☐

TUESDAY

9:00 AM	4:00 PM
10:00 AM	5:00 PM
11:00 AM	6:00 PM
12:00 PM	MUST DOs
1:00 PM	☐
2:00 PM	☐
3:00 PM	☐

WEDNESDAY

9:00 AM	4:00 PM
10:00 AM	5:00 PM
11:00 AM	6:00 PM
12:00 PM	MUST DOs
1:00 PM	☐
2:00 PM	☐
3:00 PM	☐

THURSDAY

9:00 AM	4:00 PM
10:00 AM	5:00 PM
11:00 AM	6:00 PM
12:00 PM	MUST DOs
1:00 PM	☐
2:00 PM	☐
3:00 PM	☐

FRIDAY

9:00 AM	4:00 PM
10:00 AM	5:00 PM
11:00 AM	6:00 PM
12:00 PM	MUST DOs
1:00 PM	☐
2:00 PM	☐
3:00 PM	☐

SATURDAY

9:00 AM	4:00 PM
10:00 AM	5:00 PM
11:00 AM	6:00 PM
12:00 PM	MUST DOs
1:00 PM	☐
2:00 PM	☐
3:00 PM	☐

SUNDAY

9:00 AM	4:00 PM
10:00 AM	5:00 PM
11:00 AM	6:00 PM
12:00 PM	MUST DOs
1:00 PM	☐
2:00 PM	☐
3:00 PM	☐

NOTES

THOUGHTS

_____

_____

_____

_____

_____

_____

_____

_____

_____

_____

_____

_____

_____

_____

_____

_____

_____

_____

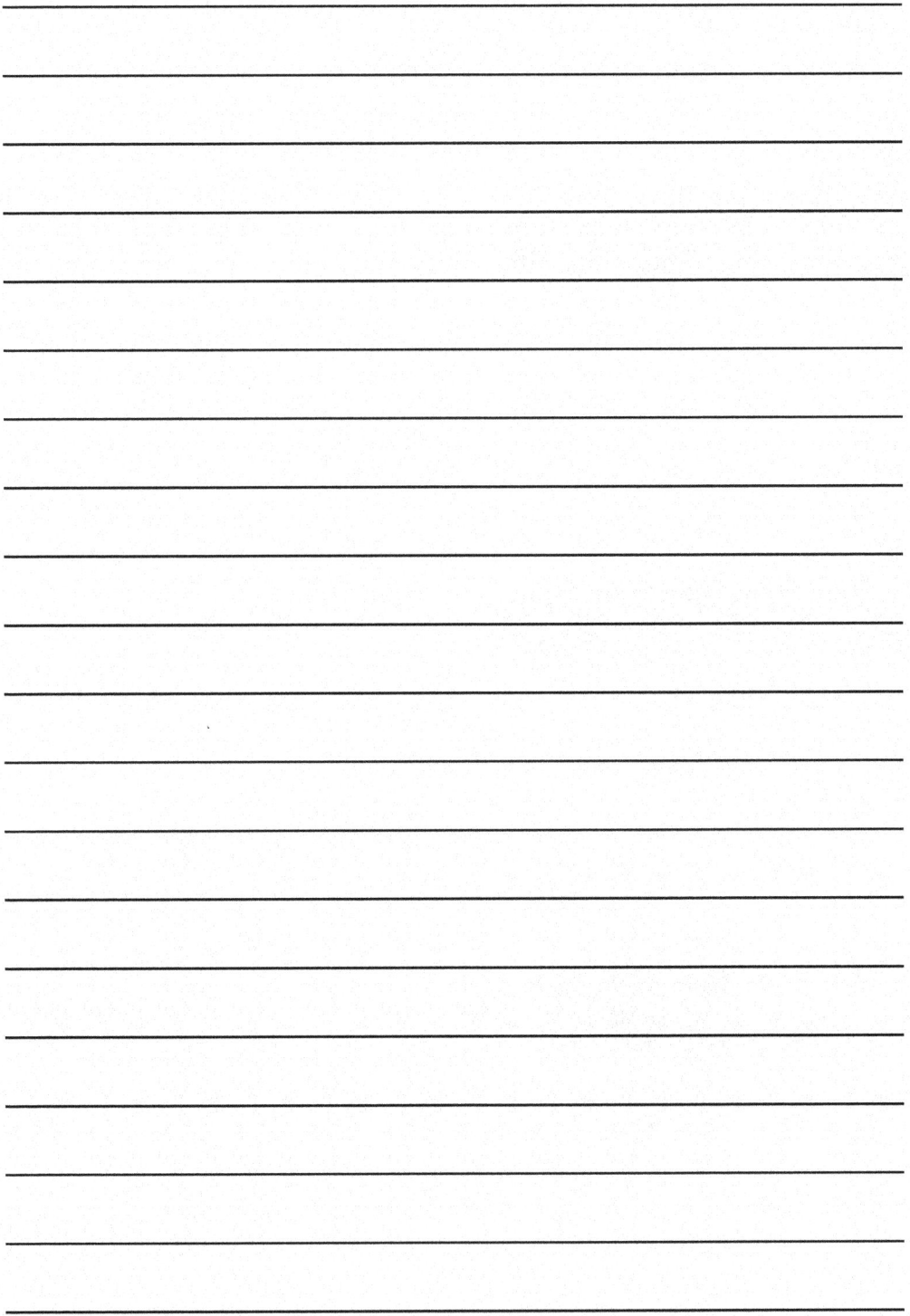

MONDAY

9:00 AM	4:00 PM
10:00 AM	5:00 PM
11:00 AM	6:00 PM
12:00 PM	MUST DOs
1:00 PM	☐
2:00 PM	☐
3:00 PM	☐

TUESDAY

9:00 AM	4:00 PM
10:00 AM	5:00 PM
11:00 AM	6:00 PM
12:00 PM	MUST DOs
1:00 PM	☐
2:00 PM	☐
3:00 PM	☐

WEDNESDAY

9:00 AM	4:00 PM
10:00 AM	5:00 PM
11:00 AM	6:00 PM
12:00 PM	MUST DOs
1:00 PM	☐
2:00 PM	☐
3:00 PM	☐

THURSDAY

9:00 AM	4:00 PM
10:00 AM	5:00 PM
11:00 AM	6:00 PM
12:00 PM	MUST DOs
1:00 PM	☐
2:00 PM	☐
3:00 PM	☐

FRIDAY

9:00 AM		4:00 PM	
10:00 AM		5:00 PM	
11:00 AM		6:00 PM	
12:00 PM		MUST DOs	
1:00 PM		☐	
2:00 PM		☐	
3:00 PM		☐	

SATURDAY

9:00 AM		4:00 PM	
10:00 AM		5:00 PM	
11:00 AM		6:00 PM	
12:00 PM		MUST DOs	
1:00 PM		☐	
2:00 PM		☐	
3:00 PM		☐	

SUNDAY

9:00 AM		4:00 PM	
10:00 AM		5:00 PM	
11:00 AM		6:00 PM	
12:00 PM		MUST DOs	
1:00 PM		☐	
2:00 PM		☐	
3:00 PM		☐	

NOTES

....

....

....

....

....

THOUGHTS

_____

_____

_____

_____

_____

_____

_____

_____

_____

_____

_____

_____

_____

_____

_____

_____

_____

_____

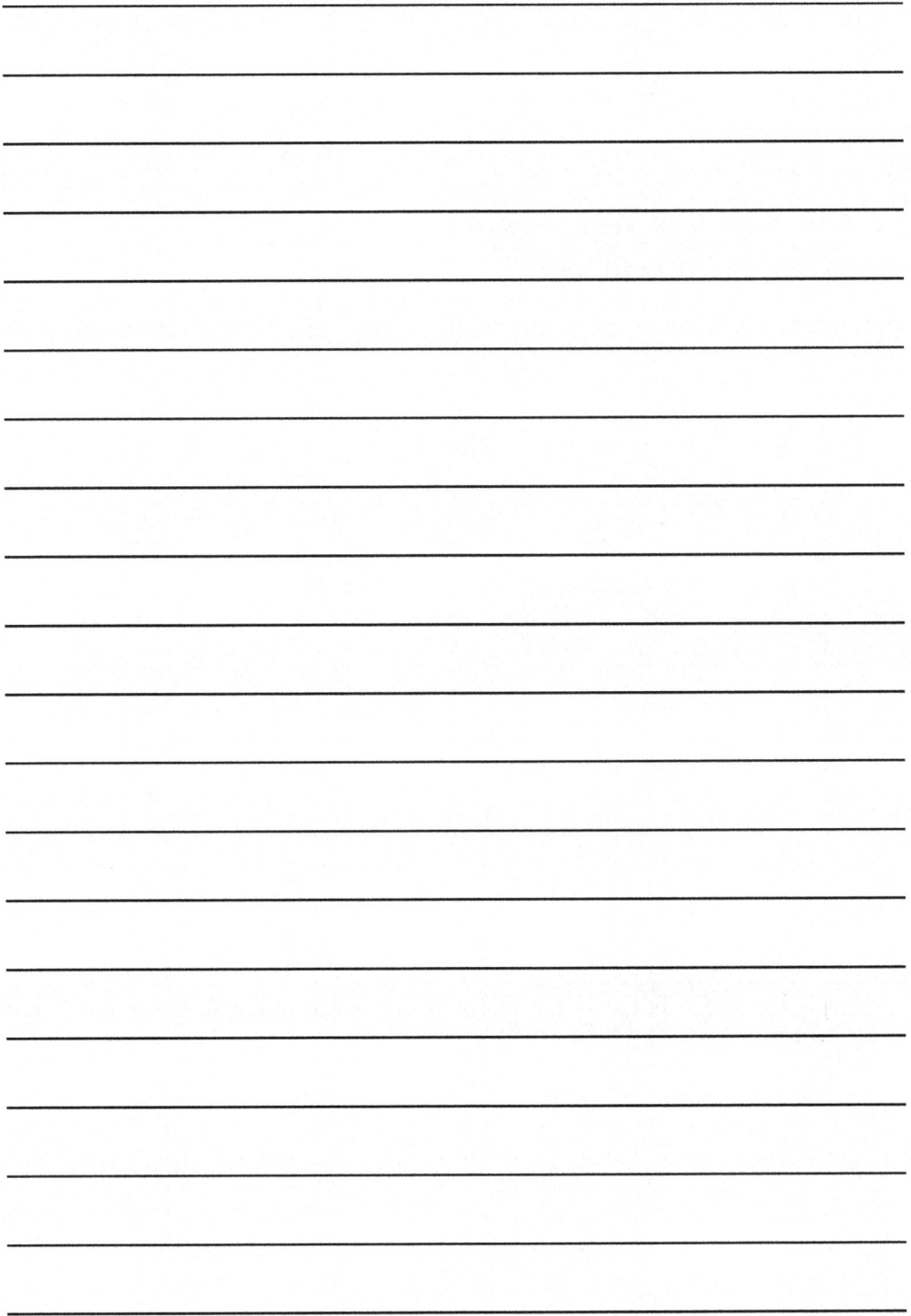

MONDAY

9:00 AM	4:00 PM
10:00 AM	5:00 PM
11:00 AM	6:00 PM
12:00 PM	MUST DOs
1:00 PM	☐
2:00 PM	☐
3:00 PM	☐

TUESDAY

9:00 AM	4:00 PM
10:00 AM	5:00 PM
11:00 AM	6:00 PM
12:00 PM	MUST DOs
1:00 PM	☐
2:00 PM	☐
3:00 PM	☐

WEDNESDAY

9:00 AM	4:00 PM
10:00 AM	5:00 PM
11:00 AM	6:00 PM
12:00 PM	MUST DOs
1:00 PM	☐
2:00 PM	☐
3:00 PM	☐

THURSDAY

9:00 AM	4:00 PM
10:00 AM	5:00 PM
11:00 AM	6:00 PM
12:00 PM	MUST DOs
1:00 PM	☐
2:00 PM	☐
3:00 PM	☐

FRIDAY

9:00 AM	4:00 PM
10:00 AM	5:00 PM
11:00 AM	6:00 PM
12:00 PM	MUST DOs
1:00 PM	☐
2:00 PM	☐
3:00 PM	☐

SATURDAY

9:00 AM	4:00 PM
10:00 AM	5:00 PM
11:00 AM	6:00 PM
12:00 PM	MUST DOs
1:00 PM	☐
2:00 PM	☐
3:00 PM	☐

SUNDAY

9:00 AM	4:00 PM
10:00 AM	5:00 PM
11:00 AM	6:00 PM
12:00 PM	MUST DOs
1:00 PM	☐
2:00 PM	☐
3:00 PM	☐

NOTES

THOUGHTS

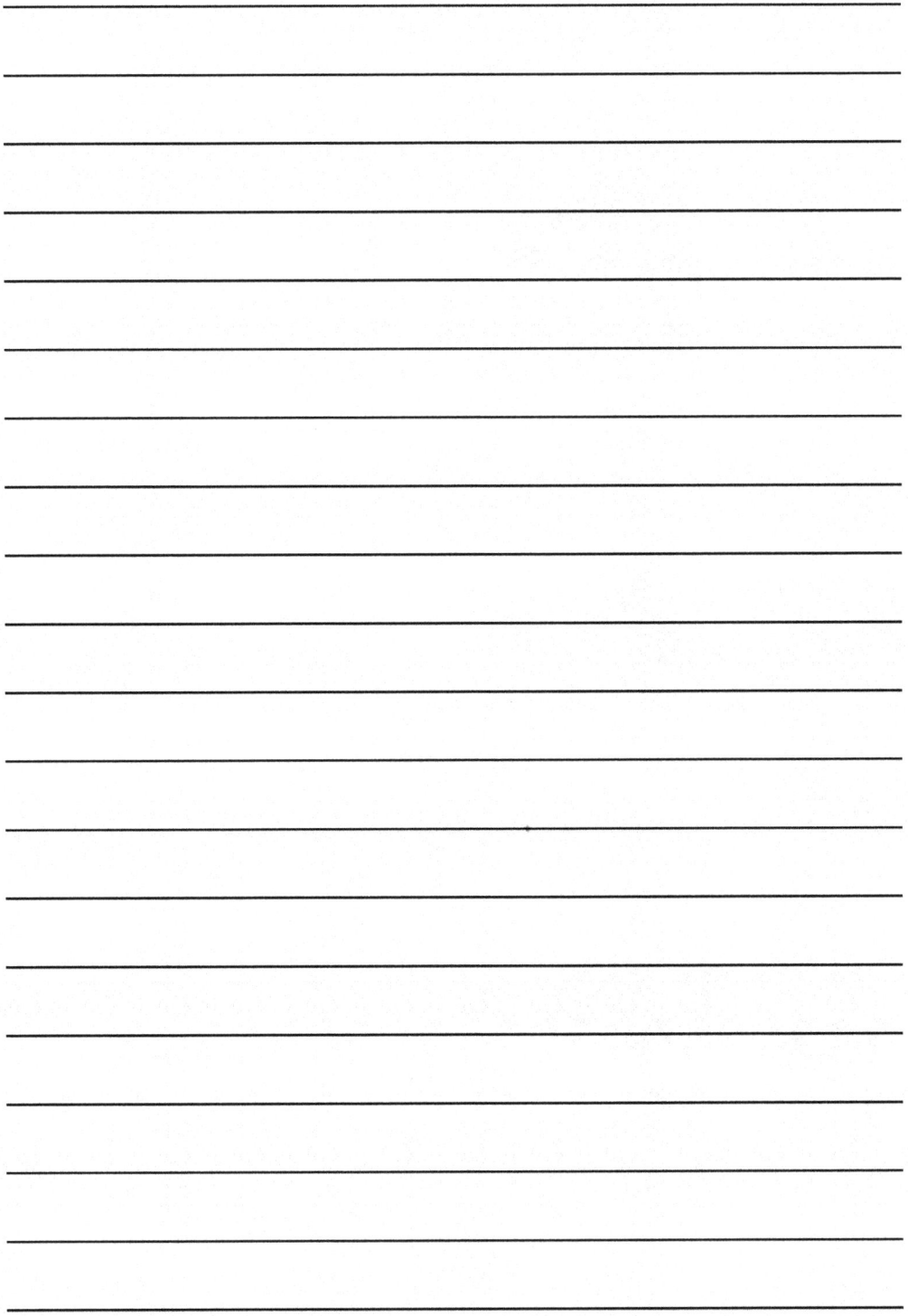

MONDAY

9:00 AM	4:00 PM
10:00 AM	5:00 PM
11:00 AM	6:00 PM
12:00 PM	MUST DOs
1:00 PM	☐
2:00 PM	☐
3:00 PM	☐

TUESDAY

9:00 AM	4:00 PM
10:00 AM	5:00 PM
11:00 AM	6:00 PM
12:00 PM	MUST DOs
1:00 PM	☐
2:00 PM	☐
3:00 PM	☐

WEDNESDAY

9:00 AM	4:00 PM
10:00 AM	5:00 PM
11:00 AM	6:00 PM
12:00 PM	MUST DOs
1:00 PM	☐
2:00 PM	☐
3:00 PM	☐

THURSDAY

9:00 AM	4:00 PM
10:00 AM	5:00 PM
11:00 AM	6:00 PM
12:00 PM	MUST DOs
1:00 PM	☐
2:00 PM	☐
3:00 PM	☐

FRIDAY

9:00 AM	4:00 PM
10:00 AM	5:00 PM
11:00 AM	6:00 PM
12:00 PM	MUST DOs
1:00 PM	☐
2:00 PM	☐
3:00 PM	☐

SATURDAY

9:00 AM	4:00 PM
10:00 AM	5:00 PM
11:00 AM	6:00 PM
12:00 PM	MUST DOs
1:00 PM	☐
2:00 PM	☐
3:00 PM	☐

SUNDAY

9:00 AM	4:00 PM
10:00 AM	5:00 PM
11:00 AM	6:00 PM
12:00 PM	MUST DOs
1:00 PM	☐
2:00 PM	☐
3:00 PM	☐

NOTES

THOUGHTS

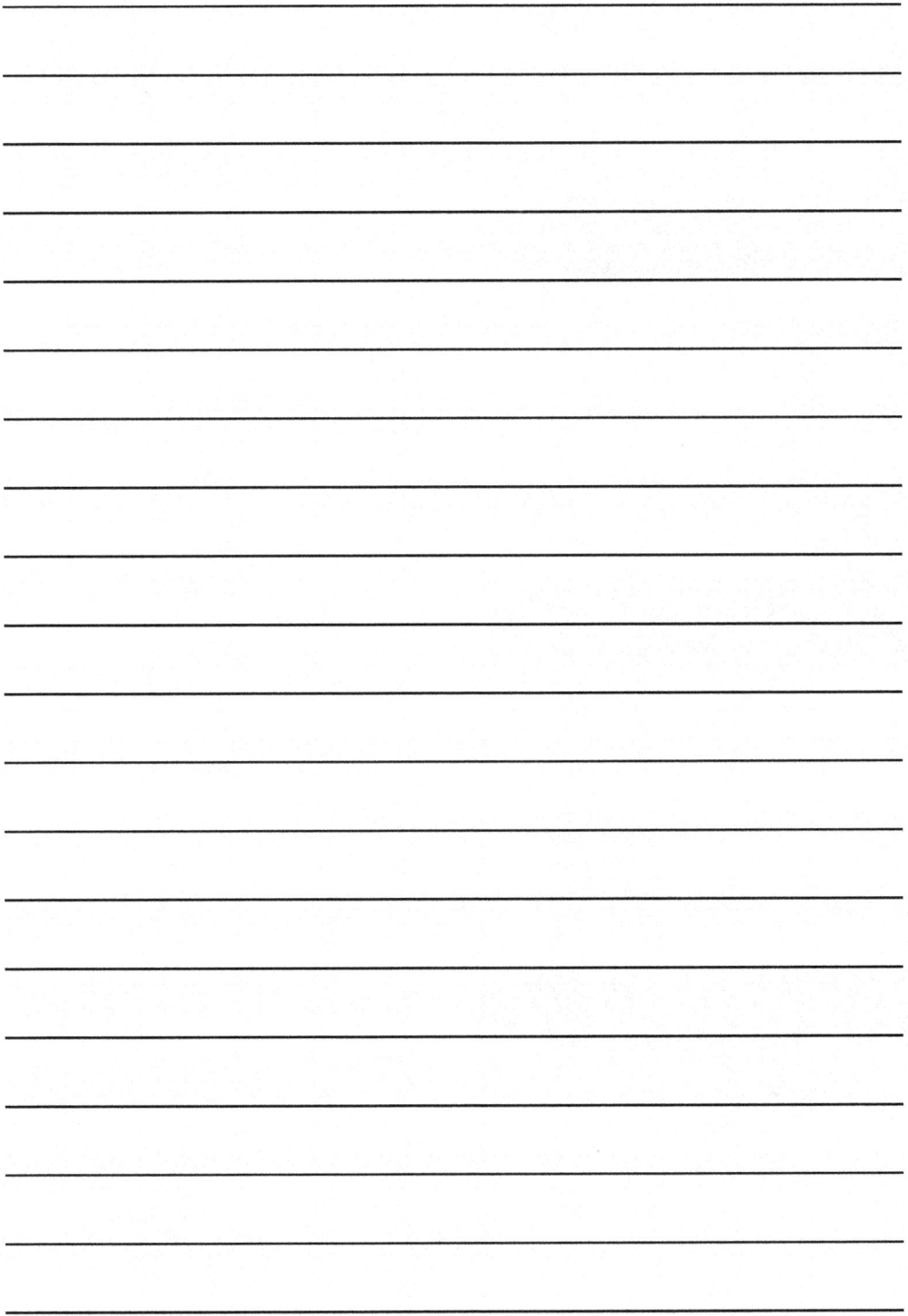

MONDAY

9:00 AM	4:00 PM
10:00 AM	5:00 PM
11:00 AM	6:00 PM
12:00 PM	MUST DOs
1:00 PM	☐
2:00 PM	☐
3:00 PM	☐

TUESDAY

9:00 AM	4:00 PM
10:00 AM	5:00 PM
11:00 AM	6:00 PM
12:00 PM	MUST DOs
1:00 PM	☐
2:00 PM	☐
3:00 PM	☐

WEDNESDAY

9:00 AM	4:00 PM
10:00 AM	5:00 PM
11:00 AM	6:00 PM
12:00 PM	MUST DOs
1:00 PM	☐
2:00 PM	☐
3:00 PM	☐

THURSDAY

9:00 AM	4:00 PM
10:00 AM	5:00 PM
11:00 AM	6:00 PM
12:00 PM	MUST DOs
1:00 PM	☐
2:00 PM	☐
3:00 PM	☐

FRIDAY

9:00 AM	4:00 PM
10:00 AM	5:00 PM
11:00 AM	6:00 PM
12:00 PM	MUST DOs
1:00 PM	☐
2:00 PM	☐
3:00 PM	☐

SATURDAY

9:00 AM	4:00 PM
10:00 AM	5:00 PM
11:00 AM	6:00 PM
12:00 PM	MUST DOs
1:00 PM	☐
2:00 PM	☐
3:00 PM	☐

SUNDAY

9:00 AM	4:00 PM
10:00 AM	5:00 PM
11:00 AM	6:00 PM
12:00 PM	MUST DOs
1:00 PM	☐
2:00 PM	☐
3:00 PM	☐

NOTES

THOUGHTS

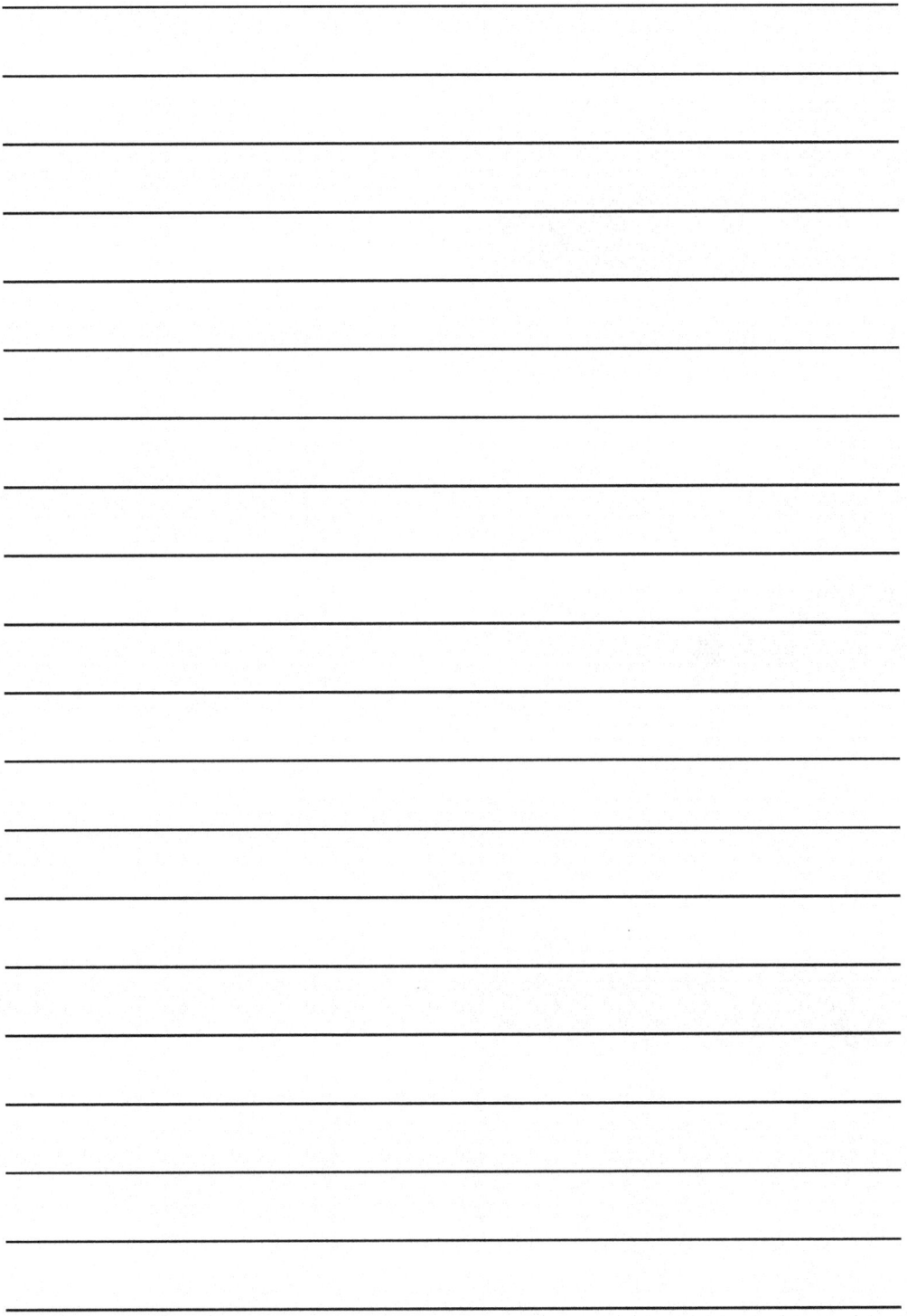

MONDAY

9:00 AM	4:00 PM
10:00 AM	5:00 PM
11:00 AM	6:00 PM
12:00 PM	MUST DOs
1:00 PM	☐
2:00 PM	☐
3:00 PM	☐

TUESDAY

9:00 AM	4:00 PM
10:00 AM	5:00 PM
11:00 AM	6:00 PM
12:00 PM	MUST DOs
1:00 PM	☐
2:00 PM	☐
3:00 PM	☐

WEDNESDAY

9:00 AM	4:00 PM
10:00 AM	5:00 PM
11:00 AM	6:00 PM
12:00 PM	MUST DOs
1:00 PM	☐
2:00 PM	☐
3:00 PM	☐

THURSDAY

9:00 AM	4:00 PM
10:00 AM	5:00 PM
11:00 AM	6:00 PM
12:00 PM	MUST DOs
1:00 PM	☐
2:00 PM	☐
3:00 PM	☐

FRIDAY

9:00 AM	4:00 PM
10:00 AM	5:00 PM
11:00 AM	6:00 PM
12:00 PM	MUST DOs
1:00 PM	☐
2:00 PM	☐
3:00 PM	☐

SATURDAY

9:00 AM	4:00 PM
10:00 AM	5:00 PM
11:00 AM	6:00 PM
12:00 PM	MUST DOs
1:00 PM	☐
2:00 PM	☐
3:00 PM	☐

SUNDAY

9:00 AM	4:00 PM
10:00 AM	5:00 PM
11:00 AM	6:00 PM
12:00 PM	MUST DOs
1:00 PM	☐
2:00 PM	☐
3:00 PM	☐

NOTES

....

....

....

....

....

THOUGHTS

MONDAY

9:00 AM	4:00 PM
10:00 AM	5:00 PM
11:00 AM	6:00 PM
12:00 PM	MUST DOs
1:00 PM	☐
2:00 PM	☐
3:00 PM	☐

TUESDAY

9:00 AM	4:00 PM
10:00 AM	5:00 PM
11:00 AM	6:00 PM
12:00 PM	MUST DOs
1:00 PM	☐
2:00 PM	☐
3:00 PM	☐

WEDNESDAY

9:00 AM	4:00 PM
10:00 AM	5:00 PM
11:00 AM	6:00 PM
12:00 PM	MUST DOs
1:00 PM	☐
2:00 PM	☐
3:00 PM	☐

THURSDAY

9:00 AM	4:00 PM
10:00 AM	5:00 PM
11:00 AM	6:00 PM
12:00 PM	MUST DOs
1:00 PM	☐
2:00 PM	☐
3:00 PM	☐

FRIDAY

9:00 AM	4:00 PM
10:00 AM	5:00 PM
11:00 AM	6:00 PM
12:00 PM	MUST DOs
1:00 PM	☐
2:00 PM	☐
3:00 PM	☐

SATURDAY

9:00 AM	4:00 PM
10:00 AM	5:00 PM
11:00 AM	6:00 PM
12:00 PM	MUST DOs
1:00 PM	☐
2:00 PM	☐
3:00 PM	☐

SUNDAY

9:00 AM	4:00 PM
10:00 AM	5:00 PM
11:00 AM	6:00 PM
12:00 PM	MUST DOs
1:00 PM	☐
2:00 PM	☐
3:00 PM	☐

NOTES

....

....

....

....

....

THOUGHTS

_____

_____

_____

_____

_____

_____

_____

_____

_____

_____

_____

_____

_____

_____

_____

_____

_____

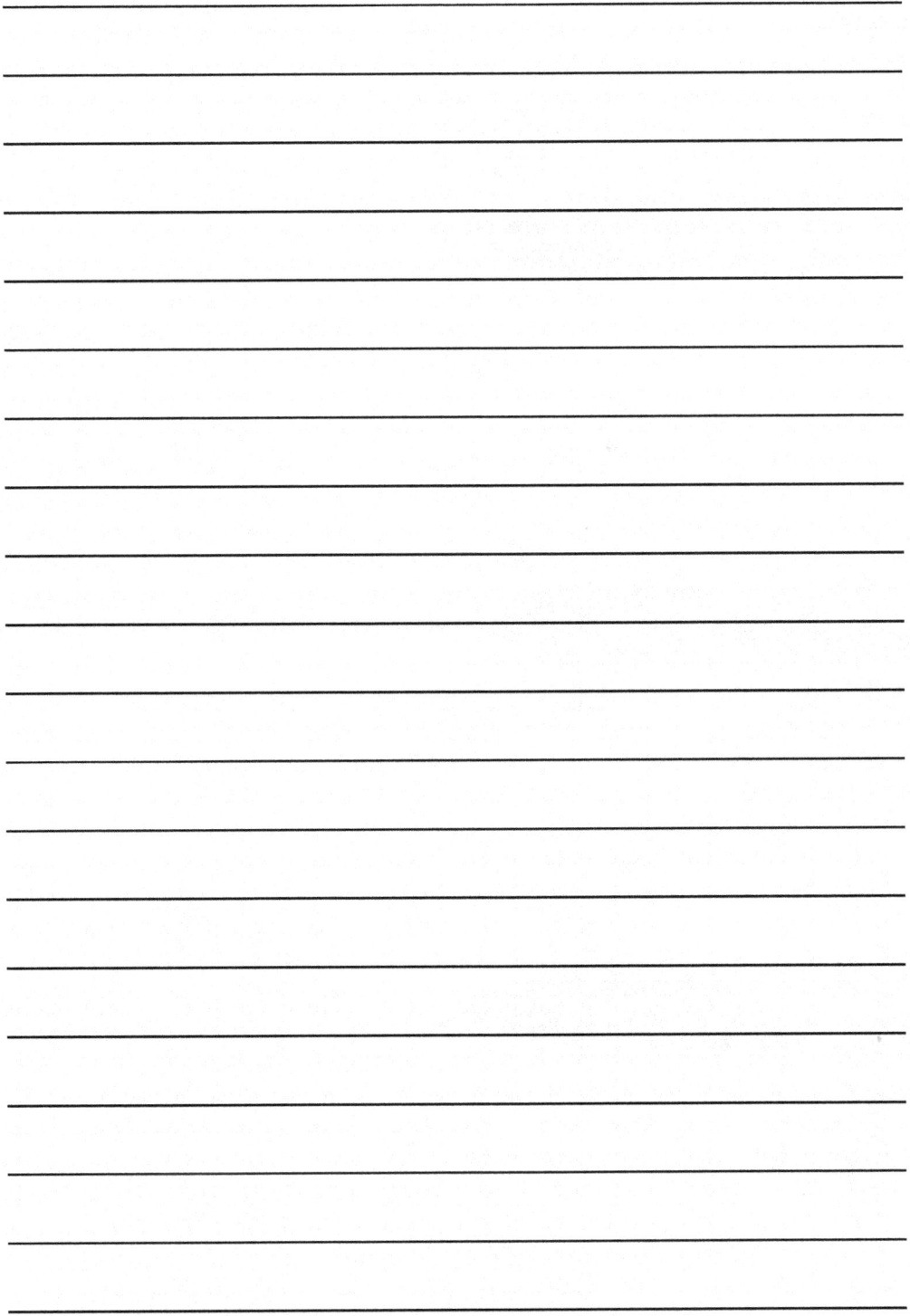

MONDAY

9:00 AM	4:00 PM
10:00 AM	5:00 PM
11:00 AM	6:00 PM
12:00 PM	MUST DOs
1:00 PM	☐
2:00 PM	☐
3:00 PM	☐

TUESDAY

9:00 AM	4:00 PM
10:00 AM	5:00 PM
11:00 AM	6:00 PM
12:00 PM	MUST DOs
1:00 PM	☐
2:00 PM	☐
3:00 PM	☐

WEDNESDAY

9:00 AM	4:00 PM
10:00 AM	5:00 PM
11:00 AM	6:00 PM
12:00 PM	MUST DOs
1:00 PM	☐
2:00 PM	☐
3:00 PM	☐

THURSDAY

9:00 AM	4:00 PM
10:00 AM	5:00 PM
11:00 AM	6:00 PM
12:00 PM	MUST DOs
1:00 PM	☐
2:00 PM	☐
3:00 PM	☐

FRIDAY

9:00 AM	4:00 PM
10:00 AM	5:00 PM
11:00 AM	6:00 PM
12:00 PM	MUST DOs
1:00 PM	☐
2:00 PM	☐
3:00 PM	☐

SATURDAY

9:00 AM	4:00 PM
10:00 AM	5:00 PM
11:00 AM	6:00 PM
12:00 PM	MUST DOs
1:00 PM	☐
2:00 PM	☐
3:00 PM	☐

SUNDAY

9:00 AM	4:00 PM
10:00 AM	5:00 PM
11:00 AM	6:00 PM
12:00 PM	MUST DOs
1:00 PM	☐
2:00 PM	☐
3:00 PM	☐

NOTES

THOUGHTS

MONDAY

9:00 AM	4:00 PM
10:00 AM	5:00 PM
11:00 AM	6:00 PM
12:00 PM	MUST DOs
1:00 PM	☐
2:00 PM	☐
3:00 PM	☐

TUESDAY

9:00 AM	4:00 PM
10:00 AM	5:00 PM
11:00 AM	6:00 PM
12:00 PM	MUST DOs
1:00 PM	☐
2:00 PM	☐
3:00 PM	☐

WEDNESDAY

9:00 AM	4:00 PM
10:00 AM	5:00 PM
11:00 AM	6:00 PM
12:00 PM	MUST DOs
1:00 PM	☐
2:00 PM	☐
3:00 PM	☐

THURSDAY

9:00 AM	4:00 PM
10:00 AM	5:00 PM
11:00 AM	6:00 PM
12:00 PM	MUST DOs
1:00 PM	☐
2:00 PM	☐
3:00 PM	☐

FRIDAY

9:00 AM	4:00 PM
10:00 AM	5:00 PM
11:00 AM	6:00 PM
12:00 PM	MUST DOs
1:00 PM	▢
2:00 PM	▢
3:00 PM	▢

SATURDAY

9:00 AM	4:00 PM
10:00 AM	5:00 PM
11:00 AM	6:00 PM
12:00 PM	MUST DOs
1:00 PM	▢
2:00 PM	▢
3:00 PM	▢

SUNDAY

9:00 AM	4:00 PM
10:00 AM	5:00 PM
11:00 AM	6:00 PM
12:00 PM	MUST DOs
1:00 PM	▢
2:00 PM	▢
3:00 PM	▢

NOTES

THOUGHTS

www.ingramcontent.com/pod-product-compliance
Lightning Source LLC
Chambersburg PA
CBHW081335090426
42737CB00017B/3152